SUPERFREAKONOMICS

Global Cooling, Patriotic Prostitutes, and
Why Suicide Bombers Should Buy Life Insurance

魔鬼经济学

02

拥有清晰思维的艺术

[美] 史蒂芬·列维特　史蒂芬·都伯纳 著

曾贤明 译　蒋宗强　校译

中信出版集团 · CHINACITICPRESS · 北京

图书在版编目（CIP）数据

魔鬼经济学.2，拥有清晰思维的艺术 /（美）列维特，（美）都伯纳著；曾贤明译. -- 北京：中信出版社，2016.9（2017.1重印）
书名原文：SuperFreakonomics
ISBN 978-7-5086-6417-0

I. ①魔… II. ①列… ②都… ③曾… III. ①经济学－通俗读物 IV. ①F0–49

中国版本图书馆CIP数据核字（2016）第195663号

SuperFreakonomics: Global Cooling, Patriotic Prostitutes, and Why Suicide Bombers Should Buy Life Insurance
by Steven D. Levitt and Stephen J. Dubner

魔鬼经济学 2：拥有清晰思维的艺术

著　　者：[美] 史蒂芬 · 列维特　[美] 史蒂芬 · 都伯纳
译　　者：曾贤明
策划推广：中信出版社（China CITIC Press）
出版发行：中信出版集团股份有限公司
（北京市朝阳区惠新东街甲4号富盛大厦2座　邮编　100029）
（CITIC Publishing Group）
承 印 者：北京诚信伟业印刷有限公司

开　　本：880mm×1230mm　1/32　　印　　张：9.25　　字　　数：200千字
版　　次：2016年9月第1版　　印　　次：2017年1月第9次印刷
京权图字：01–2010–0260　　广告经营许可证：京朝工商广字第8087号
书　　号：ISBN 978-7-5086-6417-0
定　　价：45.00元

SUPERFREAKONOMICS
目 录

全球变暖可能导致的最恐怖的情形，绝对与《圣经》中的描述无异：海面上升，高温炼狱，灾难频发，地球混沌无序。面对全球变暖，我们普通人该怎么办？牛、羊及其他反刍动物，是十恶不赦的环境污染者？全球反刍动物排放的温室气体比所有交通活动产生的多 50%！那么，我们别吃牛羊肉了，也别喝牛奶了，改吃袋鼠肉吧。购买本地产的食品，事实上反而增加了温室气体排放量，为什么？世界上规模最大的火山爆发竟然让全球气温降低了，为什么？

世界上大部分顶级运动员都出生在1—3月？恐怖分子往往来自受教育程度较高的中产阶层或高收入家庭？“9·11”恐怖袭击发生后的仅仅3个月内，美国发生的交通事故大幅增加，为什么会这样？去医院就医，如何选择医生？医术更高的医生治疗的病人，其死亡率甚至更高，为什么？最出色的医生有什么样的特点？如果你的病情很严重，去医院看病会略微提高你存活下来的概率；但如果病情并不严重，那么去看病就会提高你死亡的概率。

暴力类电视节目可引发人们的暴力行为？观看大量电视节目的孩子，在他们长大后，从事犯罪活动的概率更大？发生在中国四川的汶川大地震，与横扫美国的卡特里娜飓风有什么不同？慈善家行善仅仅是因为乐善好施吗？

相对于农村产妇由接生婆接生，产妇在医院分娩的危险性为什么会更高呢？是硝酸铵养活了整个世界？如果硝酸铵一夜之间便消失得无影无踪，那么大多数人的饮食结构将会再次转向谷物和块茎植物，而肉类和水果仅仅只有富人才能享受！安全带真的能保证你的驾车和乘车安全吗？儿童座椅也照样不安全？

男职员和女职员薪水差别如此之大的原因是什么？身体肥胖的女性和牙齿长得难看的女性薪水就低！这是为什么呢？在高中积极参加体育锻炼的女生再进入大学，毕业之后就能找到好工作？教师工作是女性最好的职业选择吗？导致大多数男女薪水差异的主要原因在于：女性追求高薪的愿望不够强烈？

趣味横生的魔鬼经济学

文/微软公司创始人　比尔·盖茨

史蒂芬·列维特和史蒂芬·都伯纳推出的《魔鬼经济学2》，构思新颖，趣味横生，惊喜连连，见解精辟。

我有幸在《魔鬼经济学2》正式出版发行之前拜读了该书的清样。

我真的喜欢《魔鬼经济学2》这本书，而且我认为该书较《魔鬼经济学》更胜一筹。

同样，我也喜欢马尔科姆·格拉德威尔（Malcolm Gladwell）所写的书，格拉德威尔往往集中阐释为数不多的主题，给出大量实例，进行深度剖析。与他不同的是，史蒂芬·列维特和史蒂芬·都伯纳喜欢同时探讨多个主题。

我将该书推荐给所有喜欢读非小说类书籍的读者。本书构思精巧，鞭辟入里的见解随处可见。

我本人与本书所涉三个案例有一些关联，因此，向读者推荐该书时，可能摆脱不了观点有失偏颇的嫌疑。

论及美国医疗保健问题时，该书两位作者与克雷格、马克·史密斯合作，采用了收集信息的软件系统，而这款软件被微软购买后现在定名为Almaga。这项技术功能强大，令人称奇，据此我们可以了解患者的动态趋势。该书告诉我们，这类数据可用来评测医生医术之高低，分析不同的医学诊治流程。

谈及我们该如何降低飓风的破坏性时，他们提到了内森·梅尔沃德及其领导的高智发明公司，提到了他们的创意定将改变当地天气，即将海洋表层的热水与下层较冷的水混合，减少飓风的破坏性。让人遗憾的是，两位作者没有详述这个计划的经济效应，也没有指出谁将批准这项试验，结果或许是积极效应多，但也不排除某些不利后果。

当他们集中探讨全球变暖问题时，他们又一次提到了高智发明公司，于是，我们见到了洛厄尔·伍德和肯·卡尔代拉。这次谈论的是地球工程学如何可能推迟不利后果的降临，进而为我们赢得额外而必要的几十年时间，使我们在能源生产和使用领域做好相应准备。列维特和都伯纳极其善于介绍此种想法，但没有具体分析此项建议该如何应用的问题。

不少经济学家所开展的很多研究结果都被用作“人做出选择时是理性的”这一论断的理论根据，对此该书作者进行了痛批，这是书中我最喜欢的内容之一。都伯纳和列维特列举了最新的研究项目，其研究结果表明，上述研究得出的结论是错误的。就接受实验的学生而言，我认为研究者所观察到的结果只是社会回报和风险的一种反映，而不是人类经济思维中存在某些基本缺陷。

最近100年来，人类生活在各个方面都有了显著进步，而人们却根本不以为然，该书也就此进行了探讨。两位作者所举的案例是分娩的死亡风险及死亡率的降低。他们也谈及了疾病（尤其是疫苗，比如小儿麻痹症疫苗）和汽车安全问题。过去我知道，汽车安全带是令人称奇的好装备，但让我始料未及的是，汽车安全带广泛使用后，安全气囊和儿童座椅所起的安全作用是如此之小。

该书涉及的内容还有值得商榷的地方：作者认为硝酸铵在提高粮食产量方面居功至伟。瓦茨拉夫·斯米尔（Vaclav Smil）所著的《丰富的地球》（*Enriching the Earth*）为我们详细而深入地介绍了有关氮肥的令人不可思议的故事。作者在本书中谈及硝酸铵时，似乎认为这是农业进步的万灵药。南美可以开采利用一些硝酸铵，但资源正在快速枯竭。农业不断发展，其真正原因在于我们已掌握了从空气中提取氮气，并将其转化为农作物可以使用的氮化合物。

除了上述提到的内容，你还会发现，书中还有很多极棒的内容。

SUPERFREAKONOMICS

写在前面

时间已逐渐证明，在我们的首部作品中，我们撒了谎，撒了两次。

第一个谎言出现在《魔鬼经济学》的引言中，因为我们这样写道："本书并没有主题"。事情原委是这样的，我们的出版商和蔼可亲、精明能干，他们读了初稿后，大惊失色地叫道："这本书根本就没有主题！"严格地说，初稿内容五花八门，涉及作弊的教师、进行自我交易的房地产经纪人，以及母亲眼中贩卖霹雳可卡因的乖儿子，彼此之间似乎毫无关联。书中引述的诸多素材，没有构建在精彩的理论基础之上，彼此独立，无法形成合力，却神奇地归于所要阐释的主题之下。

面对这部杂乱无章的作品，当我们提议将书名定为《魔鬼经济学》时，可以想见，出版商就更为惶恐不安了。即使在电话中，也能听到对方用手猛拍额头所发出的"啪啪"的声音，他一定在想：这两个家伙交来的初稿不仅没有主题，书名也是生造词汇，简直荒诞不经。

出版商建议我们做出一定的妥协，在引言里说明此书没有主题。为了避免争端再起（也为了拿到预付稿酬），我们同意照做。

然而，事实上，《魔鬼经济学》的确有主题，即使当时主题还不明显，我们自己也没有意识到这一点。如果一定要说出来，或许可以将主题概括为：刺激（在某种动机驱使）之下，人们会做出反应。如果讲得详细点，那么可以这么说：刺激之下，人们会做出反应，尽管反应方式并不一定是能预见到的，或是一目了然的。正因如此，非预期后果法则才成为世界上最具影响力的法则之一。中小学教师、房地产经纪人、毒品贩子、孕妇、相扑运动员、百吉饼销售商及三K党，其行为方式均适用这条法则。

然而，书名问题仍然没有得到解决。随后的几个月中，我们曾提出几十个书名，包括《非传统智慧》（明白吗）、《并非绝对如此》（不怎么样吧）及《E线远景》（放过我吧）。最后，出版商终于决定：或许《魔鬼经济学》终究也糟糕不到哪里去；或者更确切地说，物极必反，既然糟糕若此，反而还有可能一炮走红。

也或许他们已精疲力竭了。

《魔鬼经济学》的副标题表明，作者将在书中揭示隐藏在表象之下的世间万物的真相，这是第二个谎言。我们确信，任何思维健全的人都会把这个说法理解为夸张手法，属于国际玩笑之列。然而，有些读者却照字面意思去理解，为此抱怨说：书中所涉内容，虽然五花八门，覆盖面甚广，但事实上并没有探讨世间万物。所以，尽管我们在确定副标题时本无撒谎的初衷，但的确导致了这种事实上的后果。我们为此道歉。

诚然，我们未能将世间万物纳入《魔鬼经济学》一书中，然而，正因如此，这里就产生了一个非预期后果：需要再写一本书做进一步探讨。不过，在此要立即提请读者朋友注意，即使两部书的内容加在一起，我们仍然无法将世间万物一一囊括在内。

如今，我和史蒂芬·都伯纳已合作多年。起初，都伯纳（作家、记者）写了一篇针对我（理论经济学家）的文章。开始时我们视彼此为敌人，尽管只限于口诛笔伐的“个人恩怨”；当好几家出版机构开始以极高的稿酬为诱饵，邀请我们合作出书时，我们终究化敌为友、通力合作。（记住：刺激之下，人们会做出反应。大众一般会这样做，经济学家和记者也是人，也被这一魔咒套牢。）

我们曾一起讨论如何分配稿酬的问题。刚一开始讨论，就陷入僵局，因为我们都坚持要按六四分成。最后，我们才恍然大悟，原来是彼此希望对方分得六成收入，自己拿四成。随后，我们便都深信，与对方合作将会十分愉快，于是决定按五五分成，写书的工作就这样开始了。

撰写《魔鬼经济学》时，没有太大的压力，因为当时我们真的认为没多少人会读我们的书。（我父亲也是这么认为的，还因此说过这样的话：即使只有一分钱的预付稿酬，我们也应该心满意足。）没什么野心，预期极低，这反而让我们摆脱了各种束缚，得以把我们认为值得一写的所有内容都纳入写作素材中来。因此，写书过程充满了乐趣。

《魔鬼经济学》出版后的畅销，既出乎我们的意料，又着实让我们兴奋不已。如果当时我们迅速跟进，接着出版与该书相关的系列书籍，例如《傻瓜的魔鬼经济学》或《魔鬼经济学的心灵鸡汤》之类，那么，或许又能赚个盆满钵满，但我们并没有那么做。我们希望把调研准备工作做充分，积累必要素材，到文思泉涌之时，执笔撰文就是水到渠成的事了。历经 4 年的准备工作之后，我们终于实现了目标，第二部书（也就是本书）问世，不用说，我们深信本书更精彩。当然，至于我们所言是否属实，你们（而不是我们）说了算；至于本书是否会如第一部书出版时某些人想象得那样糟糕，也是你们说了算。

出版商已对我们彻头彻尾的"三流品位"不做任何指望，干脆不过问书名了：当我们提议将本书的书名定为《*SuperFreakonomics*》时，他们连眼睛都没眨一下就同意了。

如果本书真的有任何值得一读的地方，那么得感谢读者。在通信成本低、方便快捷的当代，写书的一大益处在于，作者可以直接得到读者反馈，而且反馈信息直截了当、清晰明确、为数众多。良好的反馈信息是不容易获得的，因而颇具价值。我们不仅获得了有关《魔鬼经济学》一书的反馈信息，还获得了有关以后出书所涉论题的诸多建议。一些给我们发送电子邮件提建议的人会发现，你们的想法已在本书中有所反映——感谢你们！

《魔鬼经济学》的成功还导致了一个出人意料的结果：我们不时一起或分别接到邀请，面向各类受众发表演讲。演讲之前，我们往往被邀请方以“专家”的头衔介绍给听众，而所谓“专家”却恰好是我们在《魔鬼经济学》中提请你们需要提防的人——他们不过是占有信息优势，并在某种动机的驱使下对这个优势加以利用罢了。（我们想方设法说服听众：事实上，我们在任何领域都算不上专家。）

出席这类活动也为我们以后的写作提供了不少素材。在加州大学洛杉矶分校演讲时，都伯纳谈到了一种现象：人们上洗手间后洗手的次数远不如他们承认的那么多。随后，有一位男士走近讲台，伸出一只手说，他是泌尿科医生。这种自我介绍的方式固然让人反感，但他所谈的在高危工作环境中（他所在的医院）不洗手的问题，以及医院为了鼓励医生洗手而采取的创意十足的措施，却紧紧抓住了听众的心。在本书中，你将读到医生与手部卫生做斗争的精彩故事。

在另一次对风险投资家所做的演讲中，我分析了我与社会学家苏希尔·温卡什（Sudhir Venkatesh）正着手开展的一个新调研项目。苏希尔·温卡什不惧危险深入毒品犯罪团伙的故事，已成为《魔鬼经济学》的经典案例之一。这个新调研项目，涉及追踪芝加哥街头妓女的日常活动。凑巧的是，来听演讲的一位风险投资家（约翰），正好与一个每小时收费300美元的妓女（安莉）约好了服务时间——就在那天晚上。在安莉公寓，他发现咖啡桌上放着一本《魔鬼经济学》。

“这本书你从哪里弄来的？”约翰问。

安莉说，这是她的一个也在“从事这个行业”的女性朋友寄给她的。

为了给安莉留下深刻的印象——虽然只是金钱和肉体的交易，男性吸引女性的本能仍然在作怪——约翰告诉安莉，正好在那天，他听了这本书的一位作者发表的演讲，这位作者在演讲中提到正在开展一个有关妓女卖淫的调研项目。而仅此似乎还不能说明这有多凑巧。

几天后，列维特收到了一封电子邮件：

从一个我们都认识的熟人那里，我听说你在着手写一篇有关卖淫行业经济收入状况的文章，对吗？我不太确定你开展的是不是严肃项目，也不知道告诉我这消息的人是不是在逗我取乐，我只是想告诉你，我十分乐意助你一臂之力。

谢谢你。

安莉

还有一个难题有待解决：我得向我的爱人和4个孩子解释，下个星期六的上午，我不会在家，因为届时我要与一位妓女共进早午餐。为了准确评估她的需求曲线的状况，我认为与她面谈对我的调研至关重要。从某种程度上说，我们①是为此付费的。

在本书中，你会读到有关安莉的故事。

最终导致与安莉有关的故事进入本书的这一连串事件，或许可归因于经济学家所谓的累积优势（cumulative advantage）。也就是说，因为我们所出的第一本书极为成功，所以撰写第二本书时，我们获得了一系列的优势，而若换成其他作者，可能就无法拥有这等良机了。

① 如前文所述，我与社会学家苏希尔·温卡什一起开展这个项目。

因此，我们现在最大的希望便是，我们的确拥有并利用了上述优势。

最后，在写作本书时，我们尽量只在万不得已的情况下使用经济学术语，因为这些术语高深难懂、难以记住。所以，在援引有关安莉的故事时，我们没有将其视为解读累积优势的故事，而是将其称为……怎么说呢，魔鬼经济学故事。

SUPERFREAKONOMICS

导言

魔鬼经济学＝荒谬怪诞经济学？

根本不谈全球金融危机，集中探讨引人入胜的其他话题。

生活中的许多决定是很难做出的。该从事什么职业？是否需要将年迈多病的母亲送进养老院？你和妻子已有两个小孩，现在是否该再要一个？

之所以难以决定，是有诸多原因的。首先，做决定要冒很大风险。而且，做决定时还涉及大量的不确定性因素。最为重要的是，你不常面临必须做出这类决策的情形，也就是说，你在这方面的实践经验非常少。你十之八九能从容应付日常生活用品的采购工作，因为你经常买，但是倘若你要购置首套住房，那就完全是另外一码事了。

不过，话说回来，要做出这类决定真的也很简单。

想象一下你去朋友家参加聚会的情景。你们两家仅相距 1 英里（约合 1.6093 公里）。或许是因为喝了 4 杯酒的缘故，你异常兴奋、十分尽兴。现在，聚会接近尾声了。你一边喝光最后一杯酒，一边摸索着找到了车钥匙。突然间，你意识到这是一个愚蠢的想法，以你现在的状态，绝不适合自己开车回家。

酒后步行比酒后驾车还要危险！

最近几十年来，关于酒后驾车的危害，我们受到了极其严厉的教育。酒后驾车发生交通事故的概率，比正常驾车发生交通事故的概率高 13 倍。尽管如此，还是有很多人酒后驾车。美国所有致命的撞车事故中，有 30% 涉及至少一位酗酒的司机。在深夜时分这一饮酒高峰期，上述比例竟高达近 60%。大体说来，每行驶 140 英里，就有 1 英里的路程是醉酒司机驾驶完成的，也就是说，醉酒司机每年驾车行驶 210 亿英里的路程。

有如此多的人酗酒后仍然要手握方向盘，这是为什么呢？或许，这是因为酒后驾车极少被逮，我们根据到目前为止最保守的统计数据得出这一结论。醉酒司机每行驶 27 000 英里的路程，才会被逮住一次。这就意味着，你可以一边豪饮啤酒，一边驾车横穿整个美国，然后折回，这样往返三次之多，直到你被警察强行拦下，停在路边。与其他后果严重的行为一样，如果我们也能出台强有力的措施，那么也极有可能杜绝酒后驾车行为。比如，随机设置路障，如此一来，醉酒司机就可以被“就地正法”，但是我们的社会很可能不具备采取这种措施的强烈愿望。

现在回到你参加朋友聚会的情景中，你似乎已做出了迄今为止最容易的决定：走回家，不开车，毕竟只有1英里的路程。于是，你找到朋友，感谢他邀请你参加聚会，并告诉他你准备走回家。他认为你的决定十分明智，对你大加赞扬。

然而，他该赞扬你明智吗？众所周知，酒后驾车极其危险，可是酒后步行就安全吗？做出这个决定真的这么容易吗？

我们来看一些数据。每年死于酒后步行引起的交通事故的人数超过1 000。他们可能晕晕乎乎地偏离了人行道，踉踉跄跄地步入了机动车道；可能躺倒在乡村的公路上；也可能是在车辆川流不息的公路上横冲直撞。在美国，与每年酒后驾车引起的交通事故致死的总人数（大约13 000）相比，酒后步行死于交通事故的人数相对较少。然而，当你从步行或开车两种方案中做出选择时，真正重要的并不是上述的总死亡人数，而是以每英里路程为基础计算，酒后驾车和酒后步行，哪个更危险。

在家或公司，普通美国人每天大约步行半英里。16岁以上（包括16岁）的美国人，总数超过2.37亿；全部算下来，达到驾车年龄的美国人，每年步行的总路程约为430亿英里。如果我们假定，每步行140英里的路程中就包括1英里酒后步行的路程，即和每年酒后驾车行驶路程占驾车行驶总路程的比例相同，那么每年酒后步行的总路程约为3.07亿英里。

只要算一下，你就会发现，以每英里路程而论，醉酒的步行者死于交通事故的概率，比醉酒司机的死亡率高8倍多。

不过还有重要的一点需要说明：除了摔伤自己，酒后步行不太可能弄伤或害死他人。但酒后驾车的情形却不是这样，在与酗酒有关的致命交通事故中，36%的受害者是乘客、行人，或是其他司机。即使我们将这些无辜受害的死亡人数计算在内，酒后步行导致的每英里死亡率，仍然是酒后驾车导致的死亡率的5倍。

因此，当聚会曲终人散时，做什么决定应该是十分明确的：驾车比步行安全。（当然，少喝点酒或叫辆出租车就更安全了。）下次聚会时，如果你很快就灌下4杯酒，那么要回家时，你的选择或许就会有所不同了；或者，你已喝得烂醉如泥，你的朋友会为你做好安排，因为“朋友不会让朋友醉酒后步行”。

电视把印度女性解救了出来？

今天，如果你能选择出生地的话，那么印度可能不是你最明智的选择。印度吹嘘自己为全球经济中的重要角色，经济发展迅速，但总体而论，这个国家仍然极度贫穷，平均寿命和教育普及率极低，环境污染严重，贪污腐败成风。超过2/3的印度人口生活在农村，能用上电的家庭几乎还不到一半，仅有1/4的家庭建有厕所。

如果生为女性，那就尤其不幸了，因为印度人有强烈的“重男轻女”思想。在已有两个儿子的印度家庭中，只有10%的家庭还想要个孩子；而在已有两个女儿的印度家庭中，大约有40%的家庭还想碰碰运气。对印度家庭而言，生下男婴，就像为自己开立了401（k）账户①一样养老不愁。男孩长大成人后，可挣钱养家，并在父母年迈体弱时尽赡养义务；而若是女孩，这就意味着父母将不仅无人养老送终，还要在女儿出嫁时赔上嫁妆。长久以来，印度盛行的嫁妆习俗一直遭到社会的讨伐，但新娘父母在新娘出嫁时给新郎或其家庭现金、汽车或地产的现象，仍然十分常见。按照习俗，新娘家庭还应出钱操办婚礼。

美国微笑列车基金会（Smile Train）是一个慈善组织，在全球各地免费为贫困孩童实施唇腭裂修复手术。前不久，微笑列车工作人员在印度钦奈逗留了一段时间。当他们问及一个本地男人有几个小孩时，他的回答是“1个”。后来他们得知，那个男人的确只有1个儿子，但除此之外，他还有5个女儿。显然，女儿是不值一提的。他们还发现，在钦奈，有的父母会付给助产士2.5美元报酬，让她闷死刚出生的先天性唇腭裂女婴。为了更好地利用经济手段，微笑列车给助产士开出更诱人的激励条件：每把一个先天性唇腭裂女婴送到医院做唇腭裂修复手术，即可得到10美元的奖励。

女孩在印度的地位如此卑微，结果导致印度女性人数竟然比男性人数大约少了3 500万。如经济学家阿玛蒂亚·森（Amartya Sen）所言，男女人口缺口规模中的大多数女性，可被认定已经死亡——要么由于间接原因（或许是因为偏爱儿子，父母限制女儿的营养摄入或就诊看病），要么由于直接伤害（女婴出生后被助产士或父母扼杀），要么死于堕胎（此类情形日益增多）。即使在最小的印度村落里，电

① 401k账户是根据美国《国内税收法》新增的第401条k项条款的规定，由雇员、雇主共同缴费建立起来的完全基金式的养老保险账户。——译者注

力供应时有时断，清洁用水更难找到，孕妇也仍然会付钱请医生做超声波检查，如果扫描出是女婴，那么这个孕妇就会选择流产。近些年来，随着人工流产越来越普遍，印度（以及其他重男轻女的国家，例如中国）男女比例失衡的情形越来越严重。

最后终于有机会长大成人的印度女性，几乎在各方面都面临不平等的待遇：挣的钱比男性少，享受的医疗服务及所受教育比男性差，而且还可能每天遭到丈夫的虐待。在印度一项针对全国国民的医疗调查中，51%的印度男性声称，在某些情况下，比如说，妻子把饭烧糊或未经允许离开家门，殴打妻子是合情合理的；而更不可思议的是，竟然有54%的印度女性认同上述说法。每年被烧死或死于其他类型家庭暴力的印度年轻女性超过10万人，其中很多是“索奁焚妻”（bride burnings）[①]的牺牲品。

印度女性意外受孕及感染性病的危险也极高，包括艾滋病病毒和艾滋病。其中一个原因便是，印度男性在性生活中使用避孕套时的失败率超过15%。为什么会这么高？印度医学研究理事会声称，依据世界卫生组织确定的规格生产的避孕套，相对于约60%的印度男性的阴茎而言，尺寸太大。这就是调研耗时两年得出的结论。调研过程中，科学家测量了1 000多位印度男士的阴茎尺寸，而且还都拍了照片。“那种避孕套，”一位调研人员说，“不适合印度男性。”

① 索奁焚妻指发生在印度及其周边国家，例如巴基斯坦、孟加拉国等地的一种家庭谋杀罪行。这类犯罪的共同点是源于嫁妆纠纷，犯罪手法则常常是烧死妻子并伪装成自焚或厨房意外。——译者注

面对如此之多的问题，要提高印度女性的生活质量，尤其要提升农村妇女的生活质量，应该采取什么措施呢?

印度政府曾设法禁止索要嫁妆，严禁流产，但是从很大程度上说，没人理睬这些法规。印度政府还出台了从资金方面扶持印度女性的计划，包括“我的女儿，我的骄傲”（Apni Beti, Apna Dhan）项目、大规模的小额信贷扶贫项目，此外还有各种国际救援机构所实施的大量慈善项目。在“我的女儿，我的骄傲”项目中，只要农村孕妇不因女婴而流产，便可获得现金奖励；因为小额信贷项目的实施，印度女性可申请小额商业贷款。

印度政府还庄重地承诺，将让印度男性更便宜地获得更小尺寸的避孕套。

不幸的是，结果证明大多数这类项目，实施起来都复杂烦琐、成本高昂，因此有名无实。

与此同时，与上述方法不同的另一种措施却似乎的确发挥了作用。这种措施，就像超声波扫描仪一样，依赖技术手段，但与女人本身几乎毫无关系，更谈不上与女人生孩子有何联系。这种措施既不是由印度政府执行，也不是由国际慈善机构实施。事实上，设计这种措施的目的，根本就不在于帮助任何人，至少不是以我们通常认为的方式帮助他人。这种措施不过是企业早就开发出的一种产品罢了，我们称之为电视。

印度国营的广播电视事业已有几十年的历史了，但信号很差，节目少得可怜，因此印度国民简直没有理由守在电视机旁。然而，近些年来，得益于电视和配送费用的急剧下降，印度一些地区已铺设了有线电视和卫星电视网络。2001—2006年，大约有1.5亿印度人生平第一次看上了有线电视节目，不论接收到的是印度大城市还是国外的电视信号。突然之间，在他们的村落里，处处播放着电视综艺节目、连续剧、新闻以及警匪片，声音此起彼伏，好不热闹。电视让很多印度村民首次真正见识了外部世界的魅力。

然而，并不是每个村落都能收看有线电视节目，有些能看上的也只是能在某些时段接收到信号。这种有线电视的普及状况，正好产生了经济学家热衷于利用的那类数据：趣味横生的自然实验数据。有两位年轻的美国经济学家，依据印度的每个村落是否（以及何时）能收看有线电视节目的数据，评估印度各地村民的生活变化情况，进而梳理出电视对印度女性产生的影响。

他们的分析数据，来自政府针对2 700个家庭（其中大部分是农村家庭）展开的一项调研的结果。这项调研的对象是15岁以上（包括15岁）的女性，涉及的问题包括生活方式、个人偏好及家庭关系。调研结果表明，能收看有线电视节目的女性，仍坦然接受丈夫殴打妻子行为的人数比以前少多了，认同“重男轻女”思想的人数也比以前少了，而且她们更有可能自立。从某种程度上说，电视似乎正在让女性获得更多的权利，而这正是政府出台的措施所未能实现的目标。

是什么导致了这些变化呢？通过收看电视节目，目睹世界各地女性的生活之后（她们随心所欲地打扮自己，花自己挣的钱，既不会被男人视为财产，也没有被定义为生育机器），印度农村妇女在生活中更独立了吗？又或者世界各地的电视节目让这些农村妇女感到羞愧难当，因而没有向调研人员如实相告，真实讲述她们所遭受的待遇有多么糟糕？

这是从调研中获取的数据，而我们有充足的理由怀疑这个调研结果。人们的言行非常不一致。[①]而且，当一个无关紧要的谎言不会造成任何损失时，正如印度政府展开的上述调研项目，我们就要考虑到上述结论可能包含了一定程度的失实成分。如果受访对象不过是在迎合调研人员，给出他们中意的答案，那么，或许她们根本就没有意识到自己在撒谎。

然而，如果你能评估受访女性的显示性偏好或实际行为，那么你的工作就取得了不错的进展。奥斯特（Oster）和詹森（Jensen）做到了。他们找到了能够证实印度女性的生活确实发生变化的强有力的数据：拥有有线电视的印度农村家庭，其婴儿出生率开始逐渐低于没有有线电视的家庭。（在印度这样一个国家，较低的婴儿出生率通常就意味着女性会有更大的独立空间，承受更少的生育风险。）拥有有线电视的家庭，送女儿上学的概率也更大，这表明女孩的地位逐渐提高，或者至少值得让人们将她们与男孩一视同仁。（值得注意的是，男孩的入学率却没有发生变化。）这些强有力的数据印证了印度政府公布的调研结果的可靠性。

看来有线电视的确让印度农村妇女获得了更多的权利，其影响之大

① 用经济学术语来讲，言行这两种行为分别被称为宣称的偏好（declared preference）和显示性偏好（revealed preference）。

超乎人们的想象，她们甚至再也无法容忍家庭暴力了。

家庭暴力减少抑或只是因为她们的丈夫忙于观看板球比赛，无暇顾及她们。

马和汽车，谁的危害更大？

当世界一路跌跌撞撞地踏入现代社会时，世界人口与日俱增，速度极快。人口的大幅增加主要发生在中心城市，例如伦敦、巴黎、纽约和芝加哥。19 世纪，美国城市居民人口增长了 3 000 万，而其中一半的人口增长就发生在 19 世纪的最后 20 年。

然而，当这庞大的人口及其动产从一个地方迁往另一个地方时，问题就来了。主要的运输工具引发了出人意料的经济学家所谓的严重的“负外部效应”，包括交通大堵塞、保险成本高昂以及为数众多的交通事故导致的死亡。本该出现在家庭正餐桌上的粮食作物，却被用来生产燃料，结果造成食品短缺和食品价格的抬升。此外，作为燃料，消耗过程中还会排放有毒气体，造成空气污染，不仅危害居民健康，还危及生态环境。

我们正在谈论汽车，不是吗？

不，不是这样。我们正在谈论的是马。

从久远的古代开始，马就是人类的得力帮手，发挥着多种作用。在现代化城市不断扩张的进程中，人类也在通过多种方式利用马匹为自己服务：拉车；运送建筑材料；运送从轮船和火车上卸下来的货物；甚至还能用马来拉动生产家具、绳索、啤酒和衣服的机器运转。如果你的女儿病得很严重，要请医生来家诊治，医生会策马火速赶往你家中。发生火灾时，训练有素的马队拖着消防车疾速穿过街道，赶往火灾地点。19 世纪末 20 世纪初，在纽约市存活并发挥着作用的马，大约有 20 万匹，也就是说，每 17 个纽约市民就拥有 1 匹马。

但是，唉，马给我们的生活也带来了那么多麻烦！

马车造成了严重的交通堵塞，而且，当马不堪劳顿垮掉的时候，往往立刻暴毙，这会导致交通堵塞的进一步恶化。很多马厩拥有者为此还给马匹买了保险。为了防止骗保，保险条文规定应由第三方给（垮掉的）马匹实施无痛苦致死方案。这也就意味着，马匹倒下后应等候警察、兽医或美国防止虐待动物协会（ASPCA）工作人员赶到现场。即使认定马匹死亡，交通堵塞情形仍然不能马上得到缓解。“一旦马匹死亡，因为体积庞大，搬运十分棘手，往往要等到马匹尸体腐烂时，清洁工才开始清理，因为只有这时，马匹更容易被锯成小块，进而用推车运走。”研究交通问题的学者埃里克 · 莫里斯（Eric Morris）写道。

马车的车轮和马蹄铁都是用铁制成的，在行进时产生的噪音令人不堪忍受，恐怕很多居民会为此患上神经紊乱症。因此，在医院或其他对噪音很敏感的区域附近，政府甚至禁止马车通行。

而且，更恐怖的是行人极易被马匹或马车撞倒。不论是马匹还是马车，都不像我们在电影中所看到的那样容易控制，在路面光滑、行人拥挤的城市街道上，更难以驾驭。1900 年，因马匹造成的交通事故夺走了200个纽约市民的生命，也就是说，每17 000个纽约市民中，有1人死于与马匹有关的交通事故。与此相对，2007年，死于汽车交通事故的纽约市民人数为274人，也就是说，每30 000个纽约市民中，有1人死于汽车交通事故。这意味着，1900年的纽约市民死于马匹交通事故的概率，大约是如今纽约市民死于汽车交通事故概率的2倍。（遗憾的是，如今我们没有关于当时酒后赶马人的书面资料可查，但可以推测，死亡数字肯定大得吓人。）

但最令人难以忍受的却是马粪。一般而论，一匹马每天排泄的粪便约24磅（1磅约合0.4536千克）。照此计算，20万匹马排泄的粪便，重约500万磅。这只是一天的马粪量。这些马粪去了哪里呢？

几十年前，城市中的马匹还没有这么多时，农民会把马粪买下，然后用车（当然是马车）运到自家地里，马粪市场运转有序。但随着城市马匹数量的爆炸性增长，马粪市场供大于求的情形十分严重。在城市空地上，马粪越堆越高，有的竟高达60英尺（1英尺约合0.3048米）。马粪不断堆积起来，就像成堆的积雪沿城市街道一路排开一样。夏天时，马粪简直就臭气熏天；雨季来临时，经过雨水的冲刷和浸泡，浓稠的马粪随雨水涌向人行道，渗进住户的地下室。今天，当你对纽约市昔日建造的褐砂石建筑及其典雅的比街道高两个台阶的门阶赞赏不已时，请记住，这在当时可是一种迫不得已的建筑方案，只有这样建造才能确保房屋的入口高于马粪横流的街道。

因此，马粪造成了极其严重的公共卫生问题。马粪堆积之地，滋生着不计其数的苍蝇，苍蝇又在人群中传播着大量致命的疾病。老鼠和其他害虫成群结队地涌向堆积如山的马粪，寻找马粪中残留的燕麦谷粒和其他饲料——那些本该被做成食物摆放在餐桌上，但因为要饲养马匹而成为价格更为高昂的粮食作物。当时，没人担心什么全球变暖；但如果他们当时还真担心这个问题的话，那么马匹就会成为“头号公敌”，因为马粪会散发一种后果很严重的温室气体——甲烷。

1898 年，纽约市主办了首届国际城市规划会议。其中最重要的议题就是马粪问题，因为全球各地的城市经历着同样的马粪危机，但会议未找出任何解决方案。“他们被难住了，”埃里克 · 莫里斯这样写道，“城市规划会议宣布，协商工作毫无成果，原计划为期 10 天的会议，实际上 3 天后就提前收场了。”

没有马匹，世界大都市可能无法正常运转；而有了马匹，还是无法正常运转。我们生活的世界似乎已发展成这种两难的世界。

后来，这个问题消失了。这既不是政府法规发挥了作用，也不是干预措施达成了目标。同时，也不是因为城市居民在某种倡导利他主义或自我约束的大众运动中逐渐具备了公德心，进而主动放弃马力所能带来的各种益处。实际上，技术革新解决了上述问题。我们创造了一种排泄更少粪便的动物吗？不是这样的。马匹被电车和汽车取代。这两种车不仅干净得多，而且效率也比马车高出许多。养一辆汽车比养一套马车更便宜，汽车被宣扬为“环境的大救星”。全球各地的城市居民，终于可以自由地来个深呼吸——免却了捏住鼻子呼吸的痛苦，接着继续前行。

令人遗憾的是，故事并没有在这里画上句号。拯救 20 世纪的方案，似乎又让21世纪陷入了危险的境地，因为汽车和电车也都有负外部效应。20世纪，超过10亿辆机动车和成千上万座燃煤发电厂所排放的二氧化碳，已导致气候变暖。正如过去马匹泛滥成灾，大有粗野践踏甚至毁灭人类文明之势，现在人们担心的是，人类活动将同样威胁我们的世界文明。哈佛大学环境经济学家马丁·威茨曼（Martin Weitzman）认为“全球气温升高，足以毁灭地球这颗行星”，这种概率大约高达5%。其他人（包括媒体）的宿命论思想则更为浓重。

或许，这不令人感到特别意外。面对亟待解决的某个具体问题，如果以我们现有的条件无法给出方案，世人就会很容易地据此认为这个问题根本就无法解决。但历史的发展一次又一次地证明，这种认识是错误的。

这并不是说我们生存的世界是完美的。历史上所有的进步都不是十全十美的。社会财富的广泛分布，就会不可避免地导致某些人的财富损失。这也正是经济学家约瑟夫·熊彼特（Joseph Schumpeter）将资本主义称为“创造性毁灭”的原因所在。

但是，人类的创造力无穷无尽，那些看上去无法攻克的难题，人类总能因为技术变革而找到适当的解决方案；对于全球变暖问题而言，很有可能也是如此。这不是说全球变暖不会在未来导致极其严重的后果，而是说如果辅以适当的激励，人类的聪明才智一定能被进一步激发，进而攻克难关。让人备受鼓舞的是，技术变革产生的解决方案，较之悲观论者所预测的，往往会更简单，因而成本也更低。事实上，在第一章，我们将碰到一个充满奇思怪想的异类工程师团队。他们不是找到了一个应对全球变暖的方案，而是三个，其中任何一个的成本，都比肯塔基州Keeneland拍卖行拍卖纯血马的全年销售收入低。

顺便提一下，马粪的价值已反弹上升，价值之高，以至于马萨诸塞州的农场主近期向当地警局投诉，要求制止邻居捡拾他们农场中的马粪。而那位邻居则声称这是一场误会，因为这个农场以前的主人允许他这样做。但是，这个农场现在的主人不愿做出让步，决意要求邻居为此支付600美元的费用。

这位热衷于马粪的邻居是谁？不是别人，正是马丁·威茨曼，那位对全球变暖问题持有极端悲观论调的经济学家。

“恭喜你，”当这个事件被媒体曝光后，他的一个同事对他说，“我所认识的大多数经济学家都是马粪的净输出商；而你的行为却似乎表明，你是一个净输入商。”

还原世界的本来面貌

马粪难题的解决，有线电视产生的非预期后果，酒后步行的危险性——以上种种问题，到底与经济学有什么关系呢？

我们最好将之视为“经济分析”案例，而不要把这类事件看成“经济学”问题。这种说法由加里·贝克尔（Gary Becker）提出，而后广为人知。贝克尔是长期执教于芝加哥大学的经济学家，1992年荣获诺贝尔经济学奖。在诺贝尔奖颁奖典礼的致辞中他这样解释道：

“经济分析的理论前提并不在于：个体行为完全是为了谋取私利。经济分析是一种分析方法，并不是有关某种具体动机的假设……个体行为的影响因素包括涵盖范围更广的价值标准和选择偏好。”

职业生涯之初，贝克尔研究的课题与一般意义上的经济学关系不大，因为他研究的领域包括：犯罪与刑罚、毒品滥用、时间的分配、婚姻的利弊、儿童抚养以及离婚问题。类似的课题，他的大多数同人根本不会考虑。“很长一段时间内，”他回忆说，“我从事的这种工作，要么被大多数的主流经济学家忽视，要么遭到他们强烈的厌恶。我被视为异类，因而，或许实际上是算不上经济学家的。”

好吧，如果加里·贝克尔所从事的工作并不能被视为“经济学领域的工作”的话，那么我们现在也想从事这样的工作。如果要我实话实说，那么贝克尔所从事的研究，事实上就属于“魔鬼经济学”的范畴，即通过经济分析来阐释非同寻常、令人好奇、难以预测的现象。只是在那时，“魔鬼经济学”这个词还没有被创造出来罢了。

在诺贝尔颁奖典礼的致辞中，贝克尔提出，经济分析本身并不探讨主题，也不是用来阐释“经济活动”的数学方法。确切地说，经济分析就是以另一种略微不同的方式审视世间万物。经济分析是一种系统的方法，用来描述人们是如何做出决策、改变主意的；描述人们是如何选择恋人及结婚对象的；描述人们为何憎恨某人，甚至不惜干掉某人；描述人们在偶然发现一大笔钱时，是决定偷走一部分，不去动它，还是掏出自己的钱放进那笔钱中；描述人们为什么对一件事充满恐惧，而对另一件略微不同的事情却又如此渴望；描述人们为什么要对一类行为予以惩罚，而对另一类与之相似的行为却予以奖励。

经济学家如何描述人们的行为决策呢？这往往要从积累数据开始，他们需要大量的数据。他们可能会有意或无意地搜寻易于分析的数据。只要有关人类行为的问题提得恰当，再加上可靠的数据，在很大程度上就可以解释人类行为。我们在本书中的任务就是提出这类问题。只要问题提得好，我们就能解释，比如肿瘤学家、恐怖分子或大学生在某个特定情景中的行为方式及其原因。

用概率这种“冷冰冰”的数字去描绘人类反复无常的行为，可能会让有些人反感。我们中又有谁希望自己被描述为“典型的参照对象”呢？举个例子，如果你把地球上所有男性和女性作为一个整体（人类）来考量，你就会发现，成年人平均有一个乳房和一个睾丸[①]——但问题是，又有多少人的体征符合这种描述呢？如果你所爱的人因酒后驾车丧生，那么知道酒后步行比酒后驾车更危险这个事实，又怎么能缓解你的悲痛呢？如果你正是遭受丈夫毒打的那位年轻的印度新娘，那么即使得知有线电视已让众多印度新娘获得更多的权利，你又能从中获得什么慰藉呢？

上述理由有根有据，也是事实。诚然，任何法则总有例外，但了解法则有益无害。在一个错综复杂的世界中，人们都有各自独特的行

① 关于“一个乳房和一个睾丸”的构想，脱帽感谢未来学家沃茨·瓦克尔（Watts Wacker）。

为方式，因此，找出一个参照对象就具有极为重要的价值。这时，较好的切入点便是考察一般个体的行为特征。以这种方式进行研究，我们就能避免将思维过程——关于我们的日常决策、我们的行为法则、我们的管理——根植于例外或反常情况，相反，而是以常理为基础进行考察。

让我们回顾过去。2001 年夏天，美国发生了一起恐怖事件，即后来人所共知的“鲨鱼之夏”事件。媒体报道了一条凶狠的鲨鱼肆意杀戮小孩的令人胆战心惊的事件。最初的报道涉及的是一个名叫杰西 · 阿博加斯特（Jessie Arbogast）的 8 岁男孩。当时，他正在彭萨科拉海湾的浅滩上，嬉戏玩耍，突然冒出一条雄性鲨鱼，咬断了他的右臂，还撕掉了他大腿上的一块肉。《时代周刊》对此次鲨鱼攻击事件进行了封面报道。以下是报道的导语内容：

> 鲨鱼往往悄无声息地接近目标，毫无征兆。它们发动攻击的方式有三种：攻击后逃离、撞击后撕咬，以及出其不意地攻击。攻击后逃离的方式最为常见。鲨鱼可能是看见了游泳者的脚掌，误认为是一条鱼，于是就咬了过去，随后意识到这并不是它平常的目标。

吓着了吗？

任何思维正常的人都可能再也不会到海边去了。但是，你认为 2001 年到底发生了多少起鲨鱼攻击事件呢？

猜猜看。把猜测的数字除以 2，用得到的结果再除以 2，如此多反复几次。2001 年，全球各地只发生 68 起鲨鱼攻击事件，其中 4 起是致命的。

这些数据不仅远远低于媒体大肆渲染所暗示的夸大比例，而且，不论是之前还是之后，也绝不会比现在更高。1995—2005 年，全球各地平均每年发生 60.3 起鲨鱼攻击事件，最高年份 79 起，最低年份 46 起。平均每年的鲨鱼攻击致死事件为 5.9 起，最高年份 11 起，最低年份 3 起。换句话说，2001 年夏天关于鲨鱼攻击事件的文章标题，或许本可低调地写为“今年鲨鱼攻击次数大体与往年持平”。但如果这样写，杂志十有八九不会热卖。

现在我们暂时忘却可怜的杰西 · 阿博加斯特及其家人所遭遇的悲惨事故，而是想想以下情形：在全球 60 多亿人口中，2001 年死于鲨鱼攻击事件的仅有 4 人；而每年被电视新闻采访车轧死的受害者，极有可能比这还多。

不只如此，大象每年也会造成至少 200 人丧生。但是，我们为什么没有谈之而色变呢？原因极有可能在于，那些受害者并未身处繁华闹市，他们的离世不为众人所知。也有可能与我们受某些电影的影响而形成的固定认知有关。大象性情友善、憨厚可爱，儿童电影（想想《大象家族》中的贝巴和《小飞象》中的丹波）常常反映的就是这类主题；与此相对，鲨鱼则被千篇一律地刻画成反面角色。如果鲨鱼真的具备哪怕是一点法律背景的话，它们一定会提起诉讼，要求影院禁播《大白鲨》(*Jaws*)。

然而，2001 年的那个夏天，媒体渲染的鲨鱼攻击事件，接二连三地见诸报端，情节如此恐怖，以至于公众对鲨鱼的惊恐情绪久久不能平息。直到 9 月 11 日，世贸中心和五角大楼遭到恐怖袭击，人们的注意力才得到转移。那天，近 3 000 人死于非命，这可比从 16 世纪末开始有据可查的所有鲨鱼攻击致死事件多出了 2 500 多人。

当然，尽管以典型参照物作为衡量标准有其缺陷，但这种方式的确也有其优点。因此，在本书中，我们尽可能以累积数据，而不是以奇闻怪事、哗众取宠的异常现象、个人主观看法、失控的情绪或道德偏好为基础，向读者阐释所引述的故事。有些人可能会认为，统计数据可用来证明一切，可用来支持难以站住脚的主张，也可用来撒谎。但是，经济分析所要实现的目标恰好相反：既不利用恐惧心理，也不偏执地探讨具体的问题，而是让数据自己说话，我们客观公正。例如，电视的推广给印度农村妇女带来了极大的帮助，但这并不意味着我们认为电视所发挥的是绝对积极的作用。在第三章你将读到，电视在美国的普及就导致了极具破坏性的社会变化。

我们的初衷不在于以经济分析法去描述任何人希望看到的世界、任何人所担心的悲惨世界，或任何人祈祷和憧憬的世界。确切地说，我们旨在客观地阐释世界的本来面貌。许多人希望能以某种方式保护或改变世界。然而，要改变世界，你首先得了解世界。

独树一帜的经济学

截至本书写作之时，始于美国次贷泛滥，并如同传染病一样迅速席卷全球的金融危机，已持续了近一年。相信会有成百上千种有关金融危机的书籍出版。

本书不在此类书籍之列。

为什么呢？主要原因在于，宏观经济及诸多高深莫测的经济领域，根本不在我们的研究范畴之内。经历过近期的种种震荡之后，不知道是否还有人想弄清，宏观经济究竟属不属于经济学家的研究领域。许多知名的经济学家都被称为神奇的预言大师，他们可以确定无疑地告诉你股市、通货膨胀或利率的未来走向，这似乎的确很神奇。但正如我们近期所见证的那样，这种预测大体上毫无作用。经济学家们在解释历史事件时已经面临了诸多难题，更不用说去预测未来情形了。（罗斯福总统实施的政策，到底是缓和还是进一步恶化了经济大萧条，他们至今仍在就这个问题争论不休。）当然，不仅仅经济学家们如此。人们总是盲目相信自己的预测能力，即便事实证明预测很离谱，也会很快忘记教训。这似乎是人性的一部分。

因此，在本书中，我们事实上根本就不会谈及人们所谓的“经济”。我们相信，我们在本书中讨论的主题（纵使论证缺乏深度），虽然与“经济”没有直接关系，但也可以让我们对人类实际行为有更深刻的认识。如果你能理解中小学教师或相扑选手作弊背后的动机，那么你就可以弄清次贷危机产生的原委了。信不信由你！

你将在本书中读到的故事，选自不同的领域，可能来自崇高的学术机构，也可能来自最阴暗的街头角落，凡此种种，不一而足。有些故事是源于我近期开展的学术研究；有些故事来自他人的启发，比如经济学家、工程师、天体物理学家、变态杀人狂、急诊室医生、业余历史学家及变性的神经科学家。大多数事情都属于以下两类中的一种：你一直认为你了解但实际却不了解的事，你原本不知道自己想了解但实际却很想弄清的事。

我们得出的很多结论，或许并没有那么有用，或许甚至还没有最后定论。但这没有关系，我们设法在做的是启动对话与交流，而不是总结陈词，给出最后结论。这意味着，在即将读到的后续章节中，你可能会发现有些内容与你的观点相左。

事实上，如果你没能发现这种内容，我们反倒会感到失望。

SUPERFREAKONOMICS

第一章

遏制气候变暖：火山爆发，用烟囱捅破天，还是架一根 18 英里长的管子？

清醒、严肃地看待全球变暖问题。

报纸的头版头条总是令人悲痛。

“一些专家认为，全球气候日益恶化，而人类似乎还没有做好准备。”《纽约时报》的一篇文章如是写道。文章援引某些气候研究人员的观点，指出“这种气候变化对人类构成了威胁”。

《新闻周刊》的一篇文章，引用美国科学院编制的一份报告中的内容发出警告，气候变化“将导致世界范围内的经济和社会变化”。更为严重的是，“（在这种背景下）政治领导人是否将采取积极的措施来应对环境变化的挑战，抑或哪怕仅仅减小其影响，气象学家对此甚是悲观”。

只要神志清醒，谁又不担心全球变暖呢？

但在过去，这些科学家可不是这么说的。发表于 20 世纪 70 年代中期的文章预测的可是全球变冷的趋势。

那时，全球变冷的警钟已经敲响，因为1945—1968年北半球的平均地面温度已下降0.28摄氏度。不仅如此，积雪量一直在增加；1964—1972年，美国接受的温暖阳光减少了1.3%。《新闻周刊》报道说，尽管绝对值相对较小，但温度的下降“已让我们这颗行星在通往冰河时代的路上行进了1/6的路程”。

最令人担心的是，农业系统会随之崩溃。在英国，气候变冷已导致种植季节缩短了两个星期。“由此引发的饥荒将是灾难性的。”《新闻周刊》如是警告。于是，一些科学家提出了某些极端的升温方案，比如“在北极冰帽上燃煤，把冰帽融化掉”。

毫无疑问，如今我们面临的威胁却完全相反。在人们看来，我们的地球不是太冷，而是太暖。当然，煤炭不是在拯救我们，而是被视为气候变暖的罪魁祸首。我们燃烧矿物燃料来加热和制冷，开展经济活动，提供运输动力，让我们的生活充满乐趣，与此同时，我们也在无止境地制造碳排放，任二氧化碳充斥天空。

显而易见，在这个过程中，我们已将脆弱的地球变成了一个温室，用化学气体在天空中编织了一层气幕，吸收了太多的太阳热量，而这些热量无法再度返回太空。非但没有“全球变冷”，数百年来全球平均地面温度已上升0.7摄氏度；而且，近些年来变暖速度还在加快。

“我们现在在虐待地球，”著名环境科学家詹姆斯·洛夫洛克（James Lovelock）如此写道，“地球温度可能会升高，从而让我们再回到5 500万年前的高温时代。如果届时的确如此，那么大多数人都会丧命。”

从根本上说，气候学家业已达成了共识：地球温度一直在上升。越来越多的人也都认同：人类活动在气候变暖过程中扮演了重要的角色。然而，人类活动对于气候的影响似乎又不是那么显著。

一般认为，汽车、卡车和飞机是温室气体排放的主要来源。受这种观点的影响，很多热心公益的人开始购买普锐斯或其他混合动力汽车。但是，当普锐斯车主每次驾车去食品店购物时，她实际上就在抵消选择该车、减少碳排放带来的益处，至少在她光顾肉类食品区时是这样的。

怎么会这样呢？因为牛、羊及其他反刍动物，是十恶不赦的环境污染者。这些动物呼出的气、放出的屁及其粪便，都含有甲烷，以常见的浓度标准衡量，同属温室气体的甲烷，其浓度要比汽车（以及人类）排放的二氧化碳高 25 倍。全球反刍动物排放的温室气体，比所有交通活动产生的多 50%。

即使是倡导人们吃本地食品的“本地食品主义”运动，也没法阻止气候变暖。卡内基–梅隆大学的两位研究人员克里斯托弗 · 韦伯（Christopher Weber）和H. 斯科特 · 马修斯（H. Scott Matthews）近期开展的一项研究发现，购买本地生产的食品，事实上反而增加了温室气体排放量。为什么呢？

与食品有关的 80% 以上的温室气体排放是在生产过程中产生的，而且大型农场比小型农场的排放效率高得多。交通活动中排放的气体只占了与食品有关的气体排放的 11%，从生产商配送到零售商的运输活动则只占到4%。韦伯和马修斯两人提议，解决上述问题的最佳方案在于巧妙地改变日常饮食。“每周改变一天的饮食习惯，不吃红色肉类及奶制品，转向鸡肉、鱼肉、鸡蛋或以蔬菜为主的饮食。这种改变所减少的温室气体排放量，比从本地采购所有食品减少的排放量更多。”他们这样写道。

或许，你也可以放弃牛肉而改吃袋鼠肉，因为出于命运的安排，袋鼠放的屁中并不含甲烷。但想想看，说服美国人吃“袋鼠肉汉堡包”，又要开展多大规模的营销宣传活动呢？再想想那些养牛的大牧场主，他们又会多么拼命地游说美国政府出台禁吃袋鼠肉的法律呢？幸运的是，一组澳大利亚科学家正在设法将袋鼠胃中的消化细菌移植到牛胃中，这算是从另一个方向解决问题。

全球变暖：经济学家的观点

由于多种原因，全球变暖问题十分棘手，难以应对。

首先，气候学家没法做实验。从这点上看，他们更像经济学家，而不像物理学家或生物学家。他们的目标就是根据现有数据搞清楚各因素之间的联系，而没有能力有所作为，例如推动10年禁车（牛）法规的出台。

其次，自然科学研究异常复杂。人类活动的影响取决于诸多因素。例如，假定我们把航班次数增加两倍，首先是对气体排放量产生影响，另外还会对大气对流和云层的形成产生影响。

为了预测全球地面温度，气候学家必须考虑上述情形和其他因素，包括蒸发过程、降水量， 没错，还有动物的气体排放量。气候模型再深奥、复杂，也没法准确地描述上述变量，因此，显而易见，预测气候是十分困难的。相比较而言，现代金融机构所采用的风险模型似乎就可靠多了，然而正如近期金融危机所表明的那样，实情往往并非如此。

气象科学固有的不精确性意味着我们无从肯定地预测当前走的这条路会导致气温升高 2 摄氏度还是 10 摄氏度。我们也无从确切地知道，即使气温陡然上升，是否真的会给我们的生活带来麻烦，抑或导致 “文明末日” 的来临。

正是因为这种令人发怵的灾难后果（不论其有多么遥远），才使得全球变暖问题成为公共政策中最亟待解决的议题。如果我们可以确定气候变暖将给我们造成多大的损失，那么这个问题就成了经济问题，归根结底也就相当于简单的成本–收益分析。减少碳排放将带来的益处，是否比为此投入的成本更大？如果等着在未来再减少碳排放，情形是否会更好？抑或，如果我们恣意污染地球，并在全球变暖的进程中学会生存，是否可行呢？

经济学家马丁 · 威茨曼分析现有的最完善的气候模型后得出结论：未来面临十分糟糕情形的概率为 5%，届时温度将升高 10 摄氏度之多。

当然，由于预测的是不确定性因素，所以结果就更为不确定。那么，在全球将面临重大灾难的概率相对较小的情况下，我们应投入多大的成本来应对它呢？

经济学家尼古拉斯 · 斯特恩（Nicholas Stern）曾就全球变暖问题为英国政府撰写了一份百科全书式的报告。他给出的建议是：世界各国每年应将国内生产总值的1.5%拿出来应对这个问题。从现在的情况看，也就是每年要为此投入1.2万亿美元。

然而，大多数经济学家都知道，人们一般都不愿为了应对未来问题而花费大量的钱财，尤其当这种未来问题发生的概率如此之低时。我们也可以静观其变，这样做的理由在于，在将来的某天我们或许有更好的方案，其成本要比现在低很多。

就经济学家而言，其所受训练使之足够冷血，因而能悠闲地坐下来，镇定地讨论有关全球性灾难的利弊权衡问题，相比之下，其他绝大多数人对此就没有那么镇定了。对于未知的情形，大多数人都会做出过度的反应，表现为不同的情绪，例如恐惧、责备、麻木不仁等等。此外，未知情形扰人心烦的一点还在于，会让我们联想到最糟糕的情形。（想想上次那个寂静的夜晚，你听到卧室外面令人恐怖的脚步声。）全球变暖可能导致的最恐怖的情形，绝对与《圣经》中的描述无异：海平面上升，高温炼狱，灾难频发，地球混沌无序。

因此，阻止全球变暖的运动热情已俨然上升到宗教高度，也就容易理解了。这种运动的核心思想是，人类继承了一尘不染的伊甸园，却因为污染了它而罪孽深重，所以为了使人类免于万劫不复的灾难，我们就必须为此受苦受难。詹姆斯 · 洛夫洛克或许可被视为这种信仰的教皇。他写出来的忏悔文字，就像礼拜仪式中人们吟诵的祷文一样，让人感觉亲切，共鸣感自然也会油然而生："我们挥霍资源，过度污染地球……要做到可持续发展，现在为时已晚，我们当下要做的就是可持续撤退。"

"可持续撤退"听起来就有点像忏悔一样。尤其当我们用这种说法来批评发达国家时，这就意味着减少消费，减少资源使用量，尽量少开车，还有就是要逐渐减少地球人口——虽然这么说可能很残酷。

如果说现代的环保运动有一个坚定不移的守护神的话，那么毫无疑问，这个神就是阿尔·戈尔，美国前副总统、诺贝尔奖获得者。他导演的纪录片《难以忽视的真相》（*An Inconvenient Truth*）不遗余力地宣传环保，让数百万人了解了过度消费的危害。此后，他创建了气候保护联盟（Alliance for Climate Protection），这个组织将自身描述为"史无前例的大众游说项目"。这个组织最引人注目的地方在于，它开展了耗资3亿美元、命名为"我们"的公益宣传活动，以倡导美国人改变挥霍无度的生活方式为宗旨。

同时，任何宗教都有异教徒，当然全球变暖现象也不例外。鲍里斯·约翰逊（Boris Johnson）是一位接受传统教育的记者，后来顺利当上了伦敦市市长。他读了洛夫洛克的著作后，将之称为"神父一个"，并得出了如下结论："就像至高无上的宗教一样，对气候的恐惧满足了我们忏悔、赎罪的需求，并符合'技术进步定要遭到众神惩罚'这种亘古不变的潜意识。正因如此，对气候变化的恐惧与宗教信仰十分相似，因为这一切都是不可知的：你的忏悔或赎罪行为到底是否有效，你根本就无从知道。"

因为我们尘世的伊甸园遭到了玷污，认为这是人类罪孽所致的狂热信徒对此大加哀叹；与此同时，异教徒则指出早在人类出现之前，这个伊甸园的大气中就已经自然地弥漫着充斥甲烷的浓厚烟雾，以至于生命差点儿就此绝迹。当阿尔·戈尔倡导人们放弃使用塑料购物袋、不开空调、尽量减少出行时，不可知论者则在不满地嘟囔：人类活动所排放的二氧化碳量仅占全球总排放量的2%，其余98%都源于自然现象，例如植物腐烂。

你开空调时应该想到的事情

一旦将宗教狂热和科学的复杂性剥离，那么全球变暖问题就变成了一个极其简单的两难困境问题。经济学家亲昵地将之称为外部效应。

什么是外部效应？当某人实施某种行为时，其他人被迫为他的行为付出代价。外部效应，即为经济学中所说的“纳税却没有得到相应权利”。

如果你碰巧住在一家化肥厂的顺风方向，那么铵散发的臭味就是外部效应；如果你的邻居举办一个聚会（毫无礼貌，居然没有邀请你），那么他们的纵情喧嚣就是外部效应；被动吸烟也是。同样，毒品贩子本来是要射杀另一个目标，但流弹却击中了游乐场的一个小孩，这也是外部效应。

被视为全球变暖罪魁祸首的温室气体，都具有外部效应。你在后院点燃一堆篝火时，你就不仅仅是在烧烤了，你也在排放某种气体，虽然其影响微乎其微，但终归也是在给整个地球增温。每次你坐进汽车、吃汉堡包或乘飞机时，你都在制造某些你自己并没有为此承担后果的副产品。

我们设想一下这样的情形。有个家伙叫杰克，有一栋他自己建造的漂亮房子。冒着酷暑下班回到家，他就想放松一下，好好凉快凉快。于是，把空调的温度调到了很低。这么做时，他脑海中闪过一个念头，享受冷风会让他多交几美元电费，但这点小钱不足以让他关掉空调。

他没有想到的是，他的行为将导致发电厂排出滚滚黑烟。因为要发电，首先就要烧煤，水达到沸点后才会变成水蒸气，水蒸气的动力推动涡轮机，进而带动发电机发电，有了电，杰克屋里的空调才能制冷。

他也不会想到与开采煤矿和运输煤炭相关的环境成本及工伤问题。仅以美国而论，过去的一个世纪中，葬身矿井的矿工总数超过10万，后来死于炭肺的工人人数估计在20万左右。现在看来，上述种种都是外部效应。令人欣慰的是，如今美国煤炭行业致死人数已大幅骤降，平均每年的死亡人数大约为36人。

杰克没有认识到这些外部效应，因此我们难以责怪他。现代技术如此先进，因此往往隐藏了与我们的消费活动相关的成本。从表面上看，杰克打开空调，一点儿也没有污染环境。电就那么神奇地来了，就像是从童话世界中降临一般。

如果世界上没有多少像杰克那样的人，抑或有好几百万，谁又会在乎呢？然而，由于全球人口已突破70亿，所有这些外部效应累加起来，就不能小看了。那么，谁应该为此负责呢？

总的说来，这应该不是什么十分棘手的问题。如果我们知道某人使用一桶汽油而使人类付出了多大成本的话，那么我们就可以对司机征收相当的税费。征税不一定能诱导他放弃驾车出行，事实上也不应如此。征税的意义在于，确保司机自己承担因他的行为而造成的全部成本（用经济学术语来讲，就是“使外部效应内部化”）。

接下来，就可以将征税所得在因环境变化而利益受到损害的人们中间分配。比如，如果海平面突然升高，生活在孟加拉国低地的人们的财产将被洪水淹没。只要我们确定合适的税种，征税所得或许就能给当地的受害者提供补偿。

然而，当真的要通过税收来解决气候变化带来的外部效应时，我们能说的只有四个字：祝你好运！因为困难显而易见，例如征税多少以及谁来收税。此外，我们不能忘记这个事实：没人能保证温室气体不跨越国界。大气时刻在运动，没人知道其确切走向，这就意味着你们国家排放的温室气体和我们国家排放的已然混为一体、无法分辨。正是由于这个原因，才会有“全球”变暖。

举个例子，如果澳大利亚突然决定杜绝碳排放，那么除非其他每个国家也都这么干，否则这个格调高雅的国度即使费心费力地实施成本高昂的措施，也无法享受到由此带来的益处。一个国家也没有权力指示另一个国家该如何行动。近些年来，美国时不时会试图减少碳排放量。但当美国对中国或印度施压，要求其减少碳排放量时，这些国家会来上这么一句："嘿，你们分文未付就一路发展成了工业超级大国，那么我们为什么就不能呢？"在这种情况下，有谁还能指责它们呢？

当我们无法强求人们承担其行为导致的全部成本时，他们也就没有什么动机去改变其行为方式了。过去，当世界大都市的马粪泛滥成灾时，市民转而使用汽车，这可不是因为汽车对社会益处更大；他们之所以这样做，是因为使用汽车最符合他们的经济利益。今天，我们要求人们改变其行为方式时，并没有考虑其个人利益，而是打着大公无私的旗号。阿尔·戈尔所提倡的正是这种方式。然而或许这种方式会让全球变暖问题似乎更加无解，除非人们心甘情愿地将个人利益搁置一旁，投入功德无量的事业中来，即使这意味着个人利益将受到严重损害。阿尔·戈尔正设法唤醒人们利他主义的道德意识，以及憎恨负外部效应的良知天使。

外部效应的逻辑：从汽车防盗装置到火山爆发

请记住，外部效应经常不为人们所察觉。

为了防止自己停在街上的汽车被盗，很多人都用防盗锁锁住汽车方向盘，例如Club防盗锁。这玩意儿体积不小，格外显眼（有的甚至是荧光粉红色）。如果使用的是Club方向盘锁，那么你就是在明确而直接地告诉偷车贼：我的汽车很难被弄走。与此同时，这把锁也就在间接地表明，你旁边的车，也就是没有上Club方向盘锁的车，更容易下手。在这种情况下，没有使用Club方向盘锁的邻车被盗的可能性更大，所以你的Club方向盘锁就带来了负外部效应。从这个意义上说，使用Club方向盘锁堪称反映自我利益的经典案例。

另一种叫作LoJack的装备，不论从哪方面来说，都与Club方向盘锁完全不同。这是一个小型的无线信号传输器，比一副扑克牌的体积大不了多少，被隐藏在汽车里面或下面的某个地方，偷车贼看不到。一旦汽车被盗，警察就可以远程遥控，启动传输器，根据信号找到汽车。

与Club方向盘锁不同的是，LoJack装备不会阻止偷车贼偷走你的汽车。那么为什么要费神装上这个玩意儿呢？

首先，可以帮你找回被盗的汽车，而且可谓神速。涉及盗车事件时，反应速度是非常重要的。如果你的车已失踪很多天，那么一般而言，你也就别指望再找回来了，因为它可能已被残忍地“肢解”。即使你不抱希望了，你的保险公司也会希望找到。因此，安装LoJack的第二个原因就在于，保险公司会给你提供优惠保险费率。然而，安装LoJack的最主要原因或许是：如果安装了LoJack，汽车被盗走后的情形事实上格外有趣。

可以肯定，追踪装有LoJack的汽车是十分刺激的，这就好像你刚刚松开了猎狗的缰绳一般让你兴奋。警察立即行动起来，追踪被盗车辆发出的无线电信号，在偷车贼还没反应过来时就已将其缉拿归案。如果你走运，说不准他甚至刚给汽车加满油。

大多数被盗汽车最终会被开进地下拆车厂，也就是犯罪分子将所盗汽车拆成零件并销售出去的非法秘密小作坊。要彻底扫荡这些非法活动，警察的日子非常不好过，但是一旦使用LoJack防盗装置，情况就大不一样了。现在，警察只要追踪到无线电信号，往往就能找到地下拆车厂。

当然，非法经营拆车厂的那些家伙也不蠢。一旦意识到情况有变，他们就改变工作流程。偷车贼不会直接开着赃车去拆卸，而是先驱车前往某个停车场，在那里放上几天。等他回来再取车时，如果汽车不见了，那么他就知道这车装有LoJack；如果车还在，他就会认为，将车送交拆车厂是安全的。

警察也不笨。当他们发现被盗车辆停在某个停车场时，他们可能会选择不让失主马上认领。相反，他们会继续监视，直到那个偷车贼返回将车开走，在毫不知情的情况下将警察引向地下拆车厂。

那么，LoJack这种装置到底让偷车贼的生活有多难过呢？

任意给定一个城市，装有LoJack的汽车每多1%，该市被盗汽车就会减少20%。偷车贼没法分辨哪些车上装有LoJack，哪些没装，所以也就不会轻易冒险。LoJack装置相对较贵，大约700美元一个，这意味着其普及率并不会那么高，装有这种装置的新车比例还不到2%。即便如此，配备LoJack装置的汽车却扮演了罕见而奇妙的角色：给所有不配备LoJack装置的吝啬司机带来了正外部效应，因为他们的汽车无形中也得到了保护。

没错，并非所有的外部效应都是负面的。出色的公共教育可以带来积极的外部效应，因为公民素质高的社会中，所有人都会从中获益良多。（同时也推高了知识产权的价值。）果农和养蜂人会给彼此带来正外部效应：果树为蜜蜂免费提供花粉，而蜜蜂也免费为果树授粉。养蜂人和果农通常是邻居，原因也在这里。

最不可能被视为具有正外部效应的是自然灾难。

1991年，菲律宾吕宋岛上一座植被苍翠但水土流失严重的大山开始发出轰隆隆的巨响，随后天空中弥漫着散发出硫黄味的火山灰。那就是历史悠久的皮纳图博火山——一座休眠火山。附近的农民和城镇居民不愿疏散，地理学家、地震学家及火山学家及时赶往该地，最终说服大多数居民撤离。

6月15日，皮纳图博火山连续而猛烈地喷发了9个小时。多次巨大的爆炸之后，火山顶部形成了巨大的碗状凹陷，即所谓的火山口，其海拔比火山爆发前低了850英尺。更严重的是，这个地区同时遭遇台风袭击。根据有关此次火山爆发的记述，天空“倾盆大雨，浓烟滚滚，并伴有高尔夫球大小的浮石块”。当时大约有250人死亡，主要是由于房屋坍塌，接下来几天的泥流泛滥造成了更多的人员伤亡。得益于科学家的预警，许多人免于灾祸，这可谓不幸中的万幸。

这次皮纳图博火山爆发是近100年中最猛烈、规模最大的。在最大爆炸发生的两个小时内，喷射出的火山灰直冲云霄，达22英里之高。大爆炸结束之后，皮纳图博火山喷射到平流层的二氧化硫多达2 000万吨。这给环境造成了什么影响呢？

结果表明，充斥二氧化硫的平流层就像一层防晒剂，减少了到达地表的太阳光。火山爆发后的两年中，随着二氧化硫的逐渐沉淀，地球温度平均下降了大约 0.5 摄氏度。过去几百年来，全球温度不断升高，而现在，仅仅一次火山爆发竟然就让温度明显下降，虽然是暂时性下降！

皮纳图博火山爆发还带来了其他正外部效应。世界各地的森林茁壮成长，因为树木更喜欢散射的阳光。因为平流层中的二氧化硫浓度更高，人们观赏到了最蔚为壮观的日落。

当然，科学家关注的可不是这些，他们注意到了此中的全球变冷效应。《科学》（*Science*）刊载的一篇论文认为，如果每隔几年就来上一次皮纳图博这种规模的火山爆发，那么“这就会在很大程度上抵消预计将于 22 世纪来临的人为变暖问题的威胁”。

就连詹姆斯 · 洛夫洛克对此观点也有所认同。“或许我们将被一些偶然事件拯救，例如一系列的火山爆发，其规模、强度极大，浓烟滚滚，遮天蔽日，致使地面温度下降。但是，只有傻帽才会拿如此不靠谱的概率来赌他们未来的生活。”他写道。

没错，只有傻帽或蠢材才会相信，有人能够说服火山向天空喷发具有保护作用的臭气，而且还要以合适的周期来爆发。但是，如果真有蠢材认为皮纳图博火山或许有助于防止全球变暖，这又是什么情形呢？同样，过去认为孕妇不会在生产时死去的那些人，认为全球各地的饥荒并不是注定要发生的那些人，通通都是蠢材，对吗？如果竭尽全力地埋头苦干，他们能找出简单、便宜的解决方案吗？

如果答案是肯定的，那么又能在哪里找到这种蠢材呢？

二氧化碳与全球变暖没有关系!

华盛顿贝尔维尤城（西雅图市郊）一个普通的住宅区，矗立着一排排格外普通的建筑。这里有供暖及空调设备制造厂、造船厂、加工大理石瓷砖的店面，还有一栋建筑，以前是哈雷机车维修店。这栋建筑占地约两万平方英尺，没有窗户，设计普通，贴在其玻璃门上的一张纸上写着“高智发明公司”。

楼里有世界上最非同凡响的实验室。实验室内有车床、模具、3D打印机，当然还有很多功能强大的计算机。不仅如此，还有昆虫饲养室，可以养殖蚊子，然后把它们放到没水的鱼缸中，随后用100英尺开外的激光器把它们干掉。做这个实验的目的，是要战胜疟疾。疟疾只通过雌蚊传播，因为雌蚊更重，比雄蚊振翅的速度慢，所以激光器的追踪系统可以通过蚊子振翅的频率识别出雌蚊，进而杀死它们。

高智发明公司的主营业务是发明创造。实验室内，有精良的设备，人才济济，有各色科学家和勇攀科学高峰的奇才，可谓聪明非凡的精英人才大本营。他们先是创造工艺流程或开发产品，然后申请专利，每年申请的专利都有500多项。这家公司也从外界收购专利，不论是《财富》500强的专利，还是在地下室辛苦鼓捣的单干天才搞出的发明。高智发明公司的运作方式与私募基金颇为相似，募集投资资本，并在获得专利许可时给予回报。该公司目前已掌握了两万多项专利，比世界上几十家大公司加在一起的专利还多。正因为这个，有些人喋喋不休地抱怨高智发明公司是一家“专利魔头”，不断积累专利，然后向其他公司敲诈专利使用费，在必要时不惜对簿公堂，但是这类指控几乎没有确凿的证据。高智发明公司创建了世界上第一个大众化的知识产权市场，这可能是一个较为客观的评价。

这家公司的掌门人是一个叫梅尔沃德的人，以广交朋友为乐，就是我们在前文中提到过的那个梅尔沃德——希望通过在大洋上散置“带裙摆的轮胎”来减弱飓风的强度。没错，那个对付飓风的装置也是这家公司的发明。在公司内部，他们管这个装置叫索尔特沉坠（Salter Sink），一是因为该装置可以使海表较高温度的海水下沉，二是因为这个装置由史蒂芬·索尔特（Stephen Salter）发明。索尔特是著名的英国工程师，数十年来一直在设法驯服大海的惊天骇浪。

现在，一切应该十分清楚了：梅尔沃德可不是某个在周末搞搞发明的人。他是内森·梅尔沃德（Nathan Myhrvold），微软公司前首席技术官。2000年，他与微软前首席软件架构师爱德华·荣格（Edward Jung）一起创建了高智发明公司。在微软时，梅尔沃德发挥了多重角色：未来策略师、战略家、微软研究院的创始人，以及比尔·盖茨的“首席耳语官”[①]。“在我认识的人中，没有谁比梅尔沃德更聪明。”盖茨曾这样评价他。

现年50岁的梅尔沃德天资过人。他在西雅图长大，14岁高中毕业后，先在加州大学洛杉矶分校学习，后进入普林斯顿大学深造，23岁时他已先后获得一个学士学位、两个硕士学位（地球物理学和

---

① “首席耳语官”指盖茨的心腹幕僚。——译者注

空间物理学、数理经济学），还有一个博士学位（数学物理学）。随后他前往剑桥大学，追随史蒂芬 · 霍金（Stephen Harking）从事量子宇宙论研究工作。

梅尔沃德在回忆往事时说，小时候他看过英国的科幻电视节目《神秘博士》（*Dr. Who*）："那位博士向一个人介绍了自己后，那人问，'博士？你是某方面的科学家吗？'随后那位博士说，'先生，各种科学家我都是。'我也是，也许吧，对！我就想成为他那种人：全能科学家！"

他的知识如此渊博，一般博学之才在他面前都会自惭形秽，无地自容。除了在诸多科学领域造诣高深外，他还精于自然摄影和厨艺，喜欢登山，热爱收集绝版书、火箭发动机和古老的科学设备，酷爱收藏恐龙骨：与他人共同主持了一个恐龙骨挖掘项目，挖出的恐龙骨架之多没人可比。他还十分富有，这与他的爱好没什么联系。1999 年离开微软时，《福布斯》将其评为最富有的 400 个美国人之一。

与此同时，他的抠门也是广为人知的，这也是梅尔沃德得以守住财富的原因。参观高智发明公司的实验室时，他介绍了自己最钟爱的工具和装置，显然他最引以为豪的是从 eBay 或破产拍卖网站买来的那些东西。诚然，梅尔沃德对事物复杂性的理解不逊于别人，但他仍然坚信只要可能，就应找出简单、便宜的解决方案。

目前他们的研发工作包括以下几个项目：效率更高的内燃机；减小飞机飞行的摩擦阻力以提高燃油效率；可大幅提高全球发电量的新型核能发电厂。他们想出的很多点子仍然仅仅停留在创意阶段，但是有些方案已经在挽救生命了。高智发明公司开发了这样一种处理流程：假设一位神经外科医生试图治疗患者的动脉瘤，这位医生可以将患者的大脑扫描数据传给高智发明公司，随后数据被传递至3D打印机，接着与动脉瘤大小一样的塑料模型就被打印出来。模型第二天就会快递到医生手中，所以，在打开患者的头盖骨之前，医生可以制订一个周全而详尽的动脉瘤手术方案。

如果一个由科学家和工程师组成的团队居然认为，只要他们联手工作就能攻克世界上最棘手的难题，那么这的确需要他们足够自负才行。幸运的是，他们恰好就具备这种胆识和傲气。他们已将人造卫星送上了太空，已协助美国防御导弹攻击，而且借助先进的计算技术改变了世界的运转方式。（比尔·盖茨不仅为高智发明公司投资，还偶尔搞搞发明。他热衷于根除疟疾，杀蚊激光器就是因此才被发明出来的。）他们也在很多领域开展了很多具有决定性意义的科学实验研究，其中就包括气象科学研究。

因此，至于他们何时才会开始考虑全球变暖问题，这只是一个时间问题而已。我们拜访高智发明公司的那天，梅尔沃德召集了十几位同事，谈论这个问题及应对策略。他们围坐在一个长长的椭圆形会议桌旁，梅尔沃德坐在会议桌的一端。

这可是一屋子的天才，而且，毫无疑问，梅尔沃德就是他们的“哈利·波特”。接下来大约10个小时内，他喝掉的健怡苏打水之多，令人称奇。或许因为有了能量，他鼓励大家深入讨论，而他自己时而灵感涌现，滔滔不绝，时而耐心倾听，回应尖锐的提问。

会议室里的每个人对全球变暖问题已达成共识，认为它与人类活动有关。但同时也认同：媒体及政界提到全球变暖时所用的语言，往往夸大其词，危言耸听，或过于简略，忽略重点。梅尔沃德说，太多报道（说法）的可靠性因为这类愚顽自负的人而大打折扣，说什么物种将会灭绝之类的。

他自己相信吗？

“很可能不相信。”

当有人提到《难以忽视的真相》这部纪录片时，会议室顿时像炸开了锅似的热闹，嘲讽、轻蔑之词不绝于耳。梅尔沃德认为，这部纪录片的目的在于“把人们吓出屎来”。他说，“从技术角度讲，阿尔·戈尔没有撒谎”，但是戈尔所描述的某些梦魇般的情景，比如海平面上升后，佛罗里达州就会消失，“没有在时间上做出任何合理的预测，没有任何现实依据。没有任何气象模型表明佛罗里达州会消失”。

然而，对此，科学界自身也难辞其咎。当今的气象预测模型，按照洛厄尔·伍德（Lowell Wood）的说法，“非常粗糙”。伍德是一位天体物理学家，如今已六十好几，能言善辩，见到他，神智健全的伊格内修斯·赖利（Ignatius Reilly）[①]就浮现在脑海中。很久

① 伊格内修斯·赖利是作家约翰·肯尼迪·图尔（John Kennedy Toole）的著作《笨蛋同盟》（*A Confederacy of Dunces*）的主人翁。在书中，赖利被刻画成现代版的堂吉诃德形象——行为古怪，热衷于空想，创造性极强，有时竟达到沉迷其中、不可自拔的程度。该书在作者自杀后 11 年，也就是 1980 年出版。——译者注

以前，伍德曾是梅尔沃德的学术导师。（伍德是物理学家爱德华·泰勒的得意门生。）梅尔沃德认为伍德是这个世界上最聪明的人。伍德天生就对很多事物有敏感的认知，学识渊博，知道格陵兰岛冰核的融化速度（每年 80 立方千米）、2008 年中国未经批准就上马的发电厂（大约占总数的 20%）以及血液中的转移性癌细胞达到多少时就会转移（100 万）。

在科学领域，伍德已为大学、私营企业及美国政府做出了巨大的贡献。正是伍德想出了激光杀蚊的点子。之所以想出这个点子，是因为伍德曾在劳伦斯·利弗莫尔国家实验室（Lawrence Livermore National Laboratory）开发过“星球大战”导弹防御系统。他最近已从该机构退休。（从抵御苏联的核弹攻击到灭杀传播疟疾的蚊子，这就是“和平红利”[①]。）

今天，在高智发明公司的头脑风暴会议上，伍德身穿一件五颜六色的扎染短袖衬衣，打着十分得体的领结。

“气象模型在空间模拟方面很粗糙，时间上也同样滞后。”他继续说，“因此，气象模型不能模拟的自然现象还非常多。一场巨大的暴风，比如飓风，就没法模拟。”

梅尔沃德解释说，这是有许多原因的。现在的模型都是用格子来绘制地图，而这些格子太大了，因此模型也就没法对实际天气进行模

① “和平红利”这句政治宣传口号是经由美国总统老布什和英国首相撒切尔夫人于 20 世纪 90 年代初期提出后而广为人知的，用来描述国防费用削减能带来的经济福利，主要用于有关“大炮还是黄油”理论的探讨。——译者注

拟。要把格子弄得更小、更精确，这就要求更好的模拟软件，而这又会要求更强的计算处理能力。“我们设法在 20—30 年后能做到预测气候变化，”他说，“而等计算机行业能给我们提供足够强大的计算机来做这项工作，似乎也要花同样多的时间。”

尽管如此，当今大多数模型预测的结果往往很相似。这可能会让人有理由得出这样的结论：气候科学家在把握未来方面已做得很 不错了。

“并非如此。”伍德说。

“每个人都在粉饰结果”，即调整模型的控制参数和系数，“唯有如此，模型得出的结果才不至于与常见结论相去甚远，否则异类模型在争取经费及融资方面就会困难重重” 。换言之，导致大量模型结果雷同的原因，不是各自展开的实验得出了公正结论，而是受争取研究经费的经济现实所迫。伍德说，我不是说应该忽视当前气候模型的作用，而是强调，考虑我们地球的命运时，大家应该清楚地认识到气候模型的预测作用毕竟很有限。

当伍德、梅尔沃德及其他科学家围绕全球变暖问题，谈论各种各样的“常识”时，几乎没人不受“打击”。

强调二氧化碳？

“本末倒置。”伍德说。

为什么？

“因为二氧化碳不是主要的温室气体，水蒸气才是。”当前的气候模型“不知道如何处理水蒸气和各种不同类型的云层变量，而它们才是需要重点考虑的因素。我希望，2020 年左右，我们能够获得有关水蒸气的准确数据”。

梅尔沃德引用了近期发表的一篇论文，论文断言二氧化碳与近年来的气候变暖几乎没有关系。相反，过去几十年我们制造的大量污染颗粒物遮挡了阳光，结果似乎还导致了气温的下降。这与 20 世纪 70 年代引起科学家关注的全球变冷现象如出一辙。当我们开始清洁空气时，全球变冷趋势就开始逆转。

“因此，我们在过去几十年中所见证的全球变暖趋势，”梅尔沃德说，“或许正好是环保运动所致！”

并不久远的过去，老师给小学生讲，二氧化碳是自然形成的，是植物所不可或缺的，正如我们离不开氧气一样。如今，孩子们则更有可能将二氧化碳视为有毒气体。这是因为，近百年来大气中的二氧化碳浓度已大幅上升，从过去的 280 ppm（百万分率）上升到现在的 380 ppm。

然而，高智发明公司的科学家们说，人们所不知道的是：大约 8 000 万年前，也就是我们的哺乳动物祖先还在进化时，二氧化碳浓度至少是 1 000 ppm。事实上，如果你在一个新建的注重能源效率的办公大楼工作，你呼入的二氧化碳，其浓度也正好在那个水平，因为这是负责设定暖通空调系统的工程组织确定的标准。

因此，二氧化碳不仅没毒，而且其浓度的变化不一定与人类活动密切相关，大气中的二氧化碳也不一定就能导致地球升温：有关冰帽的证据表明，过去几十万年来，二氧化碳浓度是在地球温度升高之后上升的，而不是之前。

在梅尔沃德的旁边坐着肯·卡尔代拉（Ken Caldeira），娃娃脸，卷头发，讲话声音很柔和。他在斯坦福大学为卡内基科学研究所主持生态学实验室。卡尔代拉是全球最受尊敬的气候科学家之一，其研究成果得到最坚定的环保主义者的认可和引用。他和另外一名研究人员提出了海洋酸化（ocean acidification）的说法。海洋酸化是指海洋吸收了太多的二氧化碳，结果珊瑚虫和其他浅水有机物的生命受到了威胁。此外，他还为政府间气候变化专门委员会贡献了研究成果，该委员会于2007年与阿尔·戈尔一起荣获诺贝尔和平奖。（没错，卡尔代拉拿到了诺贝尔奖证书。）

如果你在一次聚会上碰到卡尔代拉，你可能会把他归为环保阵营的中坚分子。读大学时，他的专业是哲学。在青年时代，他是最积极的环保人士和彻头彻尾的反战派。

卡尔代拉深信，人类活动应对全球变暖负部分责任；在关于未来气候将如何影响人类的问题上，他比梅尔沃德更为悲观。他认为："现在我们大量排放二氧化碳的行为，简直愚蠢得令人难以置信。"

然而，他的研究让他相信，在这场斗争中，二氧化碳并不是真正的敌人。首先，与一般的温室气体相比，二氧化碳的负面效应并不是特别显著。"即使其浓度翻倍，其吸收地球反射的太阳辐射量也还不到2%。"他说。其次，大气中的二氧化碳的辐射效应也呈边际递减：空气中每增加10亿吨的二氧化碳排放当量，其辐射效应就会比上次增加时更小。

卡尔代拉提到他以前从事的一项研究，即衡量浓度更大的二氧化碳对植物产生的影响。植物从土壤中吸收水分，却需要依靠空气中的二氧化碳来合成自身所需的养料。

“为了吸收二氧化碳，植物付出了十分高昂的代价。”洛厄尔·伍德说，“植物要从空气中吸收一定量的二氧化碳，就得为此先从土壤中吸收100倍的水分。大多数植物，尤其是在成长的旺季，都缺少水分。为了获得二氧化碳，它们做出了极大的牺牲。”

因此，二氧化碳浓度的增加意味着植物成长时需要的水分相对就较少。那么，其生长效率如何呢？

卡尔代拉的研究表明，如果二氧化碳的浓度翻倍，同时保持其他摄入量（水分、养分等）不变，那么植物生产效率将提高70%。毫无疑问，这给农业生产带来了福音。

“大多数采用水栽法的温室，都会额外储备二氧化碳，其原因即在于此。”梅尔沃德说，“而且，温室中的二氧化碳浓度通常都在1 400 ppm。”

“两万年前，”卡尔代拉说，“二氧化碳的浓度比现在低，海平面也比现在低，因缺少二氧化碳，树木几乎快要窒息。我们今天的二氧化碳浓度、海平面或气温，并没有什么特别不对劲的。给我们带来危害的是，变化速度太快。总的说来，二氧化碳浓度更高，很可能对生物圈还有好处——只是，浓度上升的速度太快了。”

高智发明公司的那些家伙，有许许多多有关全球变暖的常识性错误的例子。

伍德说海平面是在上升，自最后一个冰河时代结束以来的大约12 000年间一直在上升。如今，海平面比以前高了近425英尺，但其中大部分升幅是在最初的1 000年间发生的。过去一个世纪内，海平面上升的高度不足8英尺。

至于未来呢，伍德说，海平面不会像某些人预计的那样灾难性地上升30英尺，不会上演“永别了，佛罗里达”这一幕。根据这方面最完整、最权威的文献资料，到2100年，海平面大约会上升1.5英尺。这个升幅还不到大多数沿海地区涨潮和退潮的水位落差。“因此，我们就有点难以理解，”他说，“所谓的危机到底在哪里？”

卡尔代拉脸上似乎流露出一种难以名状的痛苦，他提到了一个令人震惊的环境杀手——树。对，就是树。卡尔代拉在斯坦福的办公室，没有用空调，而是用喷雾装置来降温，可以说，他自己是过着绿色生活的。然而，通过研究他却发现，在某些地方种植树木事实上会进一步恶化全球变暖问题，因为比起多草的平原、满是黄沙的荒漠或冰天雪地，深色树叶会吸收更多的阳光。

还有一个有关全球变暖的事实，几乎无人关注：过去几年里，虽然大肆鼓吹“世界末日即将来临”的论调一浪高过一浪，然而这期间的全球平均温度事实上反而下降了。

太阳能电池加剧了全球变暖？

会议室的灯光暗了下来，梅尔沃德打了个手势，随后，会议室的大屏幕上放映了一张幻灯片，上面概括了高智发明公司对于此前有关全球变暖解决方案的看法：

- 作用太小
- 举措太迟
- 太乐观

太小意味着，常见的环保工作根本就不会发挥很大作用。“如果你认为有问题要解决，” 梅尔沃德说，“那么当前的这些方案是不足以解决问题的。风能和大多数替代能源的前景的确诱人，但这些能源的利用规模还太小。截至目前，风电厂基本依靠政府补贴。”那么，人们钟爱的普锐斯和其他低排放机动车又是什么情形呢？“非常了不起，”他说，“不过，问题在于这类汽车在交通领域所占比例还太小。”

而且，煤炭如此便宜，如果不用来发电，那简直就是扼杀经济，对于发展中国家来说尤其如此。梅尔沃德认为，限制二氧化碳排放量的总量管制与交易制度，也帮不了什么大忙，原因在于，这个举措已经太迟了。

大气中的二氧化碳的半衰期大约为100年，部分能在大气中存留达数千年之久。因此，即使人类立即停止燃烧所有矿物燃料，现存的二氧化碳还将在大气中存留好几代人的时间。假定美国（或许还有欧洲）在一夜之间神奇地摇身一变，成为零碳排放的社会；又假定它们说服了中国（或许还有印度）关闭所有燃煤发电厂，杜绝柴油卡车；就大气中的二氧化碳而言，这一切也可能并不具有那么重大的意义。

而且，你梦寐以求的零碳排放社会，也的确太乐观了。

“人们认为的很多好事，十之八九还真的不是什么好事。”梅尔沃德说。他以太阳能为例进行说明：“太阳能电池的问题在于不清洁，因为它们是专门用来吸收太阳能的，然而只有大约12%的太阳能转化为电能，其余则再次以热能形式辐射了，这正好加剧了全球变暖问题。”

诚然，如果大家广泛使用太阳能，前景似乎不错，但实际执行起来却十分棘手。要想替代现有的燃煤发电厂和其他发电厂，就需要建造数以千计的新型太阳能发电站，而在这个过程中消耗的能源规模之大，正如梅尔沃德所言，足以导致长期而巨额的“升温负债”。“我们终将拥有无与伦比的无碳能源基础设施，然而，这是在我们制造大量碳排放，全球变暖问题日益恶化，我们最终建成太阳能发电站之后的事情，要等上30—50年。”

这不是说我们应该停止考虑能源问题，相反，这正是高智发明公司及全球各地的发明天才正在全力以赴追寻的圣杯：更便宜、更清洁的能源。

然而，从大气角度看，能源问题或许可以被称为输入困境（input dilemma）的典型案例。那么，输出困境又是什么情形呢？如果我们已排放的温室气体的确会引发生态环境的灾难呢？

梅尔沃德并没有无视这种可能性的存在。关于此类问题涉及的方方面面，他可能比任何气候悲观主义者考虑得更为深入周全：格陵兰岛或南极洲巨大冰层的崩塌；北极永冻层的融化可能导致巨量甲烷的释放；还有，正如他描述的，“北大西洋热盐环流体系遭破坏，将使墨西哥湾流不复存在”。

如果悲观主义者所言最终证明是正确的，那又会是什么情形呢？如果地球的确每变暖一点，危险就多一点，不论是因为我们过度燃烧矿物燃料，还是自然气候周期使然，又会如何？我们可不想毫无作为，用自己的体液把自己给炖了，不是吗？

火山爆发与气候变暖

1980 年，当梅尔沃德还在普林斯顿念研究生的时候，圣海伦火山在他的故乡华盛顿州爆发了。即便在约 3 000 英里之外的普林斯顿，梅尔沃德都能发现窗沿上积聚了一层薄薄的火山灰。他说：“坦白地说，虽然我的房间凌乱不堪，但当大量的火山灰开始落在你的寝室里时，不去想它是很难的。”

孩提时代，梅尔沃德就为地球物理现象而着迷，什么火山啊，太阳黑子等，以及这些现象是如何影响气候的。小冰期激起了他无限的好奇，以至于他坚决要求父母带他去纽芬兰的最北部参观：据说早在 1 000 年前，探险家利夫 · 埃里克森（Leif Eriksson）及其率领的北欧维京人就在此安营扎寨过。将火山与气候变化联系起来，不是什么新颖的创意。另一位博学通才本杰明 · 富兰克林（Benjamin Franklin）曾就此写过文章，这似乎是将两者联系在一起的最早的科学论文。在 1784 年发表的有关气象设想和推测的文章中，富兰克林断言，受冰岛近期火山爆发的影响，冬天格外寒冷，夏天出奇凉快，

"欧洲全境浓雾持久不散，北美大部分地区亦然"。1815年，印度尼西亚的坦博拉火山罕见大爆发，引发了"没有夏天的一年"，给全球带来了灾难：各地庄稼歉收，饥荒频发，粮食暴动不断，而且美国新英格兰地区还出现了6月飞雪的现象。

按照梅尔沃德的说法，"所有罕见的火山大爆发都会给气候造成影响"。

在全球各地，火山总在爆发，但真正的大爆发极为罕见。如果大爆发频发的话，那就好了，我们十之八九不会坐在这里担心什么全球变暖问题。人类学家斯坦利·安布罗斯（Stanley Ambrose）认为，7万年前，印度尼西亚苏门答腊多巴湖的火山超级大爆发，当时浓烟遮天蔽日，长久不散，最终导致了冰河期的出现，随后智人几乎灭绝。

火山大爆发的主要特点，不在于喷射了多少物质，而在于这些物质喷往何处。常见的火山爆发将二氧化硫喷向对流层（这是距离地表最近的大气层），这与燃煤发电厂排放的二氧化硫去处差不多。在这两种情况下，二氧化硫只在天空中存留一周左右，随后就会以酸雨的形式返回地表，影响范围一般在火山爆发地点方圆几百里之内。

但是，真正的大爆发发生时，二氧化碳直冲云霄，比上述爆发要高得多，射入同温层。同温层是距离地表6英里以上的大气层，南北极的同温层则距离地表7英里以上。从这个高度往上，各种大气现象就会发生剧烈变化。同温层的二氧化硫，不会很快返回地表，而是吸收同温层中的水蒸气，形成快速流动的气溶胶云，将地球众多地区覆盖起来。二氧化硫在同温层可以留存一年或更长时间，因此将给全球气候造成影响。

1991年，菲律宾的皮纳图博火山大爆发，就属于这种情形。皮纳图博火山喷往同温层的二氧化硫，是一个世纪前喀拉喀托火山大爆发以来规模最大的；与皮纳图博火山相比，圣海伦火山的爆发不过像打了一个嗝。在这两次大爆发期间，人类的科学水平进展非常大。来自全球的以现代技术武装起来的精英科学家，密切关注皮纳图博火山的一举一动，以期捕获每一个可测量的数据。皮纳图博火山爆发对大气造成的影响，是无可否认的：臭氧减少，散射的阳光更多，没错，还有全球温度的稳定下降。

当时，内森·梅尔沃德还在微软工作，但一直关注关于地球物理现象的科学文献。他注意到了皮纳图博火山爆发带来的气候效应，一年后，又读到一份长达900页的报道——美国科学院编撰的《温室效应的政策启示》的报告。该报告中有一章内容专门探讨地球工程学，美国科学院将之定义为："为了应对或反制大气化学变化的效应而对我们的环境实施的大规模工程实践。"

换言之，如果人类活动正导致地球升温，那么具有非凡创造力的人类又能否为地球降温呢？

人类一直在想方设法控制天气。迄今为止，几乎所有的宗教仪式都有祈求降雨的祷告仪式。然而，最近几十年中，非宗教人士已将这种祷告升级。20世纪40年代末期，通用电气公司的三位科学家在纽约的斯克内克塔迪县工作，成功地用碘化银实施了人工降雨。其中有一位化学家，名为伯纳德·冯内果（Bernard Vonnegut）；这个项目的公关负责人，则是他的弟弟库尔特（Kurt），此人后来转战文学领域，成为世界级的小说家，因为在斯克内克塔迪县工作时吸取了大量知识，所以他在写作中涉及的异乎寻常的科学知识还真不少。

美国科学院1992年发布的报告，提高了实施地球工程实践的可行性，直到此时，地球工程学在很大程度上被视为古怪狂人及异类政府专属领域的现象才告终结。然而，美国科学院提出的某些构想，即便在库尔特看来也似乎异乎寻常，过于玄乎。比如，“气球屏障”方案，就是向天空投放数以亿计的铝膜气球，进而改变阳光的直射方向；“太空镜”计划，则是将55 000个反射帆板发射到太空中，把阳光反射回去，从而挡住阳光照射地球。

同时，这份报告还提到了另一种可能性，即人为地往同温层喷洒二氧化硫。这个点子是白俄罗斯科学家麦克海尔·布迪科（Mikhail Budyko）首次提出的。毫无疑问，皮纳图博火山爆发后，同温层的二氧化硫导致了地球降温。但是，如果不用靠火山来达到降温的目的，岂不更妙？

令人遗憾的是，将二氧化硫喷洒到同温层中的方案，十分复杂，成本高昂，不切实际。比如，用炮弹将二氧化硫射入天空；或者，出动以高硫燃料为动力的战机，把尾气排放在同温层。“这些点子更适用于科幻片，它们不是科学方法。”梅尔沃德说，“从经济或现实角度看，上述方案没有一个行得通。”

另一个问题在于，很多科学家尤其热衷环保，如肯·卡尔代拉，极为排斥人为干预方法。在大气中排放化学物质，居然是为了减少由于我们在大气中排放其他化学物质而导致的危害。这种“以毒攻毒”的计划，似乎与环保主义的原则背道而驰，愚昧至极。在将全球变暖问题视为宗教议题的那些人看来，没有什么比这种方法更亵渎神明了。

然而，卡尔代拉认为，反对这种提议的最好理由在于，人为干预根本就行不通。

1998年，在美国科罗多拉州阿斯彭举行的有关二氧化硫问题的气候会议上，听了洛厄尔·伍德的演讲后，卡尔代拉得出了上述结论。然而，身为科学家，他不会盲从权威信条，即使他听了伍德的演讲后总结出的环保信条与他的心声更为接近，他还是更愿意相信数据，于是做了一个模拟实验以验证伍德的观点。“我的用意，”他说，“是结束人们对地球工程学的所有讨论。”

他没做到。没错，卡尔代拉很反感人为干预的点子，但他的模拟结果却表明，虽然我们必须面对大气中二氧化硫浓度大幅提升的后果，但地球工程学似乎却可以控制地球温度。这也就是说，模拟结果印证了伍德的观点，随后他就此写过一篇文章。可想而知，卡尔代拉是最不可能成为地球工程师的科学家，现在，他改旗易帜了，或至少可以说，已愿意深入探讨这个方案了。

于是，就有了这一幕的发生：十多年以后，卡尔代拉、伍德及梅尔沃德这三个人（一个昔日的反战派，一个过去开发武器系统的设计师，一个儿时为维京人而痴迷的小子）在以前是哈雷机车维修店的建筑内碰头，各自得意地兜售他们阻止全球变暖的计划。

解决气候变暖：用一根 18 英里长的管子向天空吹二氧化硫

出乎卡尔代拉意料的是，不仅同温层二氧化硫具有降温潜力，而且工作量之小也是他完全没料到的：大约每分钟向空中喷洒 34 加仑液态二氧化硫，比耐用型园艺胶管的喷水量多不了多少。

变暖现象主要在两极发生，这意味着气候变化对高纬度的影响是对赤道的 4 倍。根据高智发明公司的估算，每年喷洒 10 万吨液态二氧化硫，就能达到为北极地区降温的目的，并减缓北半球大部分地区的升温速度。

听起来这个量可能很大，但相比而言，其实很小。每年，至少有 2 亿吨的二氧化硫进入大气层，大约 25% 的量来自火山爆发，25% 来自人类活动，例如汽车及燃煤发电厂，其余的则源于其他自然现象，例如海洋飞沫。

因此，要给地球降温，我们只需要把目前二氧化硫排放量的 0.05%，送往更高的天空就行。这怎么可能呢？梅尔沃德的回答是：“杠杆作用！”

杠杆作用是物理学区分于其他科学（例如化学）的神秘要素。回忆一下“索尔特沉坠”，就是高智发明公司预防飓风的装置。飓风具有摧毁性，是因为飓风在大洋表面积累了热能，转化成了具有毁灭性的物理能量，体现了杠杆作用。在飓风季节，“索尔特沉坠”利用惊天骇浪的威力，持续地将较高温度的水注入深海，从而打断了飓风发威的进程。

“如果把卡车、公交车或电厂排放到对流层的 1 千克二氧化硫输送到同温层，就会带来更大的益处。”梅尔沃德说，“因此，对此加以利用的优势是巨大的，这样做简直棒极了。难怪阿基米德会这样说，给我一个支点，我将撬动整个地球。”

因此，一旦摆脱了道德准则和焦虑的束缚，给地球降温的重任也就简化成一个简单的工程学问题了：如何以每分钟 34 加仑的量向同温层喷洒液态二氧化硫。

答案是：用一根很长的软塑料管。

一根“上天的园艺软塑料管”，这就是高智发明公司对这个项目的叫法；或者，也可称之为“稳定气候的同温层保护盾”，这听来多少有点抽象。鉴于纪念首次提出这个点子的科学家的考虑，以及将地球被包裹在保护层中的情形，或许这个项目应该叫编织“布迪科的毯子”。

对热衷于寻求便宜、简单方案的任何人而言，真正的解决方案是无与伦比的。工作原理是这样的：在地面基站燃烧硫黄，然后将产生的二氧化硫液化。“大家都知道这种技术，”伍德说，“因为早在 20 世纪时，二氧化硫就是最重要的制冷气体。”

从地面基站延伸至同温层的软塑料管，大约会有 18 英里长，但非常轻。“直径也就几英寸，不是什么超大的管子，”梅尔沃德说，“实际上，就是一种特制的灭火水龙带。”

水龙带将用大量的高强度铝膜气球支撑悬挂在空中，每隔 100—300 码的距离就用气球固定一次（按高智发明公司的说法，就是“一串珍珠”），气球的直径随高度的增加而加长，从25英尺到100英尺不等。

沿水龙带往上，每隔100码（1码约合0.9144米）就固定1个水泵，液态二氧化硫就这样通过为数众多的水泵被送往天空。水泵也会相对较轻，每个大约重20千克，“每个都比我家游泳池用的水泵小”，梅尔沃德说。不在地面基站使用巨型水泵而选择很多小水泵，有许多优势：在地表用巨型水泵当然会产生更大的压力，但这也势必要求更粗、更重的软塑料管与之配套；采用小水泵，即使有时出现故障，输送任务仍可继续；而且，采用标准化的小水泵会节约成本。

在软塑料管的末端，无色的液态二氧化硫水雾，会经由一组喷嘴喷洒到同温层。

因为同温层的风速常常达每小时100英里，大概只要10天的时间，二氧化硫水雾就会把地球给包裹起来。造一条“布迪科的毯子”所需的时间就这么长。因为同温层的空气一般会持续向两极运动，而且北极地区更容易受到全球变暖的影响，所以将含硫烟雾喷洒在高纬度地区的同温层就很有意义了——或许可以用一根软塑料管伸入南半球高纬度地区的同温层，另一根伸入北半球的同温层。

在近期的一次旅行中，梅尔沃德碰巧发现了这样一个堪称完美的潜在实验基地。当时，他与比尔·盖茨、沃伦·巴菲特一起，正针对各能源生产厂家，展开一次旋风般的巡回考察，参观了核电厂、风电厂等。其中一个目的地，就是加拿大阿尔伯特省北部的阿萨巴斯卡油砂公司（Athabasca Oil Sands）。

在那里，有数亿桶石油的储量，但那些原油都在烂泥、砂石中——不是在地壳之下的流质贮油层中，而是像软砂岩沉积一样，与地表的污泥融为一体。在阿萨巴斯卡，你不是在钻探采油，确切地说，你是在挖油：挖掘机挖出巨量的泥土，然后将石油与其他物质分离。

而此中数量最为庞大的物质，就是硫黄。硫的价格如此之低，所以，石油公司就只管往边上堆放。“黄色的硫堆积成山，规模庞大，每座山大概有 100 米高，直径达 1 000 米！” 梅尔沃德说，“一层一层往上堆，就像建造墨西哥金字塔一样。因此，你可以把一台小水泵放在那里，只要一座硫黄山的一个角落，或许就能解决北半球的气候变暖问题。”

如果假定梅尔沃德生于 100 年前，那又是什么情形呢？这个问题很有趣。因为在那时，纽约和其他城市马粪成灾，严重妨碍交通。当其他所有人看着那一堆堆连绵不绝的像山一样的马粪堆，并视之为灾难时，有人可能会很好奇，梅尔沃德是否也能从中看到某种良机。

总的说来，“布迪科的毯子”方案，构思巧妙，极为简单。鉴于气候科学的总体复杂性及我们认知的有限性，从小工程做起，很可能是比较合理的选择。具体到使用软塑料管喷洒液化二氧化硫的方法，或许可以先喷洒少量的含硫烟雾，监测其效果如何。然后根据效果再决定增加或减少喷洒量，如果必要，也可以停止喷洒。在这个过程中，不存在什么固定不变的或不可逆转的事情。

而且，这种方法的成本之低，令人称奇。高智发明公司预测，“拯救北极”计划只要两年准备时间就能开展，投入成本大约为 2 000 万美元，每年的运营成本大约为 1 000 万美元。如果结果证明仅将两极降温不能产生令人满意的效果，那么高智发明公司已设计出了“拯救地球”版本：在全球部署 5 个地表基站，而不是 2 个，每个基站有 3 条软塑料管指向天空。这个计划向同温层喷洒的液态二氧化硫量是上个计划的 3—5 倍。即便如此，这个量仍低于全球当前排放量的 1%。高智发明公司预测，这个计划大概需要 3 年准备时间就能投入使用，启动成本为 1.5 亿美元，每年的运营成本为 1 亿美元。

因此，总共投入 2.5 亿美元，“布迪科的毯子”就能有效地降低全球气温。与尼古拉斯 · 斯特恩提出的每年支出 1.2 万亿美元相比，高智发明公司攻克这个难题的方案基本上不花钱。与阿尔 · 戈尔向基金会为增强公众对全球变暖问题的认知而付出的成本相比，高智发明公司阻止全球变暖的计划还少了 5 000 万美元。

我们在本章之初提过这个问题：阿尔 · 戈尔与皮纳图博火山有什么相似之处？答案是：在如何让地球凉下来的问题上，阿尔 · 戈尔和皮纳图博火山，都为我们提供了启发，只不过两种方法的成本效益相差悬殊。

用毯子把地球裹起来

我们并不是无视反对“布迪科的毯子”方案的众多潜在呼声。毯子方案首先就面临着可行性问题。

科学实验表明，没有问题。从根本上说，这是一种模拟皮纳图博火山爆发的控制性实验，而火山爆发带来的降温效应已得到详尽的研究，结论至今还没有受到挑战。

或许，支持毯子方案最有力的科学论断，来自保罗·克鲁岑（Paul Crutzen），他是荷兰的大气物理学家，对环保比卡尔代拉更为热忱。1995 年，因在大气臭氧耗竭方面的研究贡献，克鲁岑荣获诺贝尔奖。然而，2006 年，他在《气候变化》（*Climatic Change*）上发表了一篇论文，认为我们在减少温室气体排放方面的努力“完全不成功”，并对此大加哀叹；同时他认为，向同温层注射含硫物质“是已知可行的唯一选择，唯有如此，才可能迅速降温，抑制其他气候效应”。

克鲁岑坚定地支持地球工程学，而地球工程学则被气候科学界视为异端邪说，结果他的某些同侪就试图封杀其论文。世人所推崇的“臭氧医生”怎么会去支持这样一项计划呢？那不是说环保本身的危害比环保益处更大吗？

事实上不是的。克鲁岑得出的结论是，此计划对臭氧的危害最小。二氧化硫颗粒最终会落在两极地区，但其量相对而言很小，因此不会对臭氧层造成重大的危害。如果确有什么问题的话，那就是含硫物质的喷洒任务“可能会突然被中止……如此一来，大气状况在几年之内又要恢复到以前的样子”。克鲁岑写道。

反对地球工程实践的另一个主要派别，则认为毯子方案是在人为地改变地球的自然状态。梅尔沃德就此给出的简单答复是：“我们已经人为地改变了地球。”

仅在几个世纪之内，我们就已烧掉了大多数的矿物燃料，而这可是3亿年生物积累的产物。与此相比，往同温层喷洒一点二氧化硫似乎就不值一提了。洛厄尔·伍德指出，虽然含硫物质不是保护同温层的最佳化学物质，因为一些危害性不那么强的化学物质，例如外层镀铝的塑料圆珠，也可以用作遮光剂，而且效率更高，但含硫物质是最切实的选择。“因为火山已经为我们证明了含硫物质对于降低地球温度的功效，”伍德说，“而且，事实证明，含硫物质也没有危害性。”

伍德和梅尔沃德的确担心一点：“布迪科的毯子”方案可能成为人们“制造污染的口实”。也就是说，这不仅没能给我们争取到足够的时间，让我们找到新的能源解决方案，反而让人们形成自鸣得意的心态。因此而非难地球工程学，就像是在责备心脏外科医生一样，而他们挽救了吃了大量炸薯条而又缺乏锻炼的患者的生命。梅尔沃德说。

或许，反对用园艺软塑料管向同温层喷洒二氧化硫的最佳理由在于：方案太简单，成本太低。截至本书写作之时，没有任何法规禁止政府、私人机构甚或个人往大气中排放二氧化硫。（如果真有这种法规的话，那么全球各地大约8 000家燃煤发电厂大多都会陷入困境。）然而，梅尔沃德坦承，如果有谁敢单方面这么干，“就会让大众惊恐不安”。当然，这因人而异。如果是阿尔·戈尔这么干，那么他可能会再次荣膺诺贝尔和平奖。如果是委内瑞拉总统乌戈·查韦斯这么干，那么他十之八九会立即招来美国战机的“拜访”。

大家也可以想象，诸如谁将控制“布迪科的毯子温度调节开关”的问题，也许会引发战争。依赖高油价的政府，可能希望调高二氧化硫喷洒量，进而使温度越来越低；而其他政府，或许看到种植季节更长会更开心。

洛厄尔 · 伍德还谈及了他曾发表的一个演讲。他在演讲中提到，同温层保护盾或许也能过滤掉危害人类的紫外线。但有一位听众则表示，紫外线过少会导致更多的人患上佝偻病（俗称软骨病）。

“我的答复是，”伍德说，“医生会给你开维生素D，这样一来，你的总体健康状况不会受影响，而且还会更好。”

听到伍德急中生智的回应，会议室里的所有人——火箭科学家、气候科学家、物理科学家及工程师等都开心地笑了起来。随后，有人问，既然高智发明公司的毯子方案已可随时实施，那么现在是否应专攻佝偻病预防专利呢？笑声更大了。

当然，这并不完全是笑话。与高智发明公司拥有的大多数专利不同的是，“布迪科的毯子”方案没有明确的盈利途径。“如果你是我们公司的一位投资者，” 梅尔沃德说，“或许你会说：你为什么要这么干？”事实上，高智发明公司的大多数耗时项目，包括治疗艾滋病和疟疾的多种方案，从很大程度上说，都是公益性研究项目。

“坐在桌子另一端的人，是全球最伟大的慈善家，”伍德笑着说，并向梅尔沃德点了一下头，“不一定完全自愿，但的确是。”

诚然，梅尔沃德对世人关于全球变暖的“共识”不屑一顾，但他旋即又说明，他并不是对全球变暖问题本身不屑一顾。（如果真的无动于衷，他就不会将公司的大多数资源用于寻求解决方案了。）他也不是主张立即实施“布迪科的毯子”方案，确切地说，在他看来，诸如此类的技术，应该反复研究、论证，当最糟糕的气候预测情形真的发生时，我们就可以游刃有余地应对了。

“这就有点像在大楼内安装消防系统。”他说，“一方面，你应采取各种措施，预防火灾发生；另一方面，万一火灾发生，你又拥有灭火设施。”同样重要的是，他说：“步入无碳能源社会之前，你已有了施展拳脚的活动空间。”

同时，他也渴望着推动地球工程学不断发展，因为近些年来关注全球变暖的人越来越多，已经形成了一股潮流。

“他们正在严肃地提出许多实施方案，这可能会对人类生活造成巨大的影响——在我们看来，很可能是负面的。”他们没有通盘考虑清楚，就希望投入巨额资金，立即实施鲁莽的无碳计划。这将严重拖累世界经济，数以亿计的穷人过上第一世界生活的时间将被大大延迟。在美国，无论我们如何挥霍能源和破坏环境，从很大程度上说，我们都能承受其代价，但世界其他地方将为此苦不堪言。

想阻止气候变暖？用烟囱捅破天吧！

某些新创意，不论其用途多大，都会不可避免地引起世人的反感。正如我们在前文提到的人体器官市场即为一例，尽管这个市场每年可能会挽救数千条生命。

随着时间的推移，有些点子也的确能经受住人们的质疑和唾骂，最终变为现实。对贷款征收利息，出售人体精子和卵子，因自己的至爱早年离世而获得保险公司的赔偿（当然，这里讲的是人身险问题）。如今，为了确保家庭无后顾之忧，购买人身险已成为通常做法了。直到 19 世纪中叶，人身险还被视为“亵渎神灵之举”，正如社会学家维维安娜·泽利泽（Viviana Zelizer）所写的：“这种做法是将神圣的死亡变成了一种庸俗的商品。”

“布迪科的毯子”方案可能让人无法接受，因此也可能永远不会有机会实施。故意污染？在同温层上做文章？全球气候由来自西雅图的几个傲慢自大的家伙负责？ 没错，气候科学泰斗（例如保罗·克鲁岑和肯·卡尔代拉）的确是支持这项计划的。但是，他们不过是科学家罢了，这场战斗中的真正高人是阿尔·戈尔这类人。

“说到底，”戈尔说，“我认为那就是扯淡。”

如果指向天空的软塑料管方案没有获得认可，那么高智发明公司还有一个方案，以同样的自然科学为基础，但是引发的反感程度就要略微小点。研究已发现，让地球降温所需的同温层二氧化硫量，只与为数不多的燃煤发电厂已排放的含硫黑烟量相当。第二种方案就是，选择少数几个选址具有战略意义的燃煤发电厂，将其烟囱向天空延伸。因此，烟囱冒出的含硫烟雾就不会仅仅上升几百英尺，而是大约 18 英里，进入同温层，如此一来，含硫烟雾就会与通过园艺软塑料管向天空喷洒液态二氧化硫一样，具有同样的降温效应。

这个方案十分诱人，因为这的确只是利用现有污染，没有增加污染。长达近18英里的烟囱，听起来可能很难实现，但高智发明公司却已搞清怎么做：在现有燃煤发电厂的烟囱上，固定一个细长的热气球，形成一个向上的通道，让含硫热气利用自身浮力进入同温层。他们给这个项目起的绰号，自然就是“冲向云霄的烟囱”。

如果连这个点子也令人不快的话，那么高智发明公司还有截然不同的、差不多全在天上实施的计划：让天空充满团团白云。

这是约翰·莱瑟姆（John Latham）想出的点子。莱瑟姆是一位英国气候科学家，如今已近70岁，温文尔雅、声音柔和，还是一位非常严肃的诗人。最近，他也加入了高智发明团队。当年他带着8岁大的儿子迈克登上了北威尔士的一座山峰，远眺日落景色，他的儿子埋怨说那些云太耀眼了，像“雾气腾腾的镜子”。

一语中的。

“总的来说，云层的作用就在于降温。”莱瑟姆说，“如果天空没有云层，那么地球就会比现在热很多。”

即使是人造的云，例如飞机产生的凝结尾迹，也有制冷效果。“9·11”恐怖袭击事件发生后，美国所有商业航班禁飞三天。对全美4 000多个气象站的数据进行分析后，科学家发现，凝结尾迹的突然消失，导致了地面温度发生显著变化——上升1.1摄氏度。

云层的形成至少需要三个基本条件：空气的上升运动、水蒸气，以及被称为云凝结核的固体微粒。飞机在飞行时，尾气中的微粒就扮演云凝结核的角色。在接近地面的上空，则由灰尘微粒担任云凝结核。莱瑟姆解释说，但在全球的大洋上空，有利于云层形成的凝结核就少之又少，因此云层中的小微粒也太少，其反射作用也就很有限了。于是，更多的阳光就会到达地表。对于大洋而言，因为色调暗淡，所以尤其能吸收太阳热量。

根据莱瑟姆的计算，只要将大洋上空云层的反射性提高10%~12%，就会产生极大的降温效果，甚至能抵消当前两倍的温室气体总量造成的变暖效应。他的方案就是：利用大洋自身形成更多的云层。

碰巧的是，海水激起的富含盐分的飞沫为云层形成提供了绝佳的凝结核。你只要将那些飞沫弄到高于海平面几码的空气中就行了。在那个高度，飞沫会自然地升高，直到到达适合云层形成的高度。

高智发明公司已研究了实施这个计划的多种方法。截至目前，最受欢迎的一个方法是这样的：由史蒂芬·索尔特设计一批风动的玻璃纤维船只，在船内装上涡轮，这样就能产生足够的向上推力，将飞沫源源不断地往上送。由于不使用电力发动机，所以也就不会制造污染。仅仅需要海水和空气，而且这是免费的。飞沫量（以及直接相关的云层反射量）可以很容易调节。云层也不会接近陆地，在陆地上，阳光对农业是十分重要的。预估成本：第一台原型机问世的成本少于5 000万美元，维持一批规模足够大的船队，进而（至少）在2050年之前抵消温室效应，那还要花上几十亿美元。在解决令人苦不堪言的难题的所有方案中，实在难以想出一个比约翰·莱瑟姆的“雾气腾腾的镜子”还要巧妙、简单、便宜的方法：这是地球工程学，也是环保人士所追求的最环保的计划。

尽管点子令人叫绝，但是梅尔沃德担心，即使最好的方案几乎也不会博得某类环保主义阵营的好感。对他而言，这似乎没有道理。

他说："如果你认为，那些令人恐惧的情节真的会发生，或仅仅认为有这种可能性，那么你也应承认仅仅依靠减少碳排放并不是非常令人满意的出路。"换句话说，深信碳排放将引发全球变暖的毁灭性后果，同时认为只要减少碳排放就能避免此类灾难的发生，是不符合逻辑的。"即使我们竭尽全力减少碳排放，那种可怕的后果还是有可能会发生，正源于此，我们现在的唯一出路就在于——地球工程学。"

与此同时，阿尔 · 戈尔则在用他自己的逻辑来反击。"我们每天向大气排放的导致全球升温的污染物为 7 000 万吨，如果我们连制止排放的方法也想不出来，我们又怎么能确切地弄清如何来抵消其不利效应呢？"

然而，如果你以冷血的经济学家的思维，而不是像热心的人道主义者那样来考虑问题的话，那么戈尔的推理就不上路了。我们并不是不知道如何阻止环境污染活动，而是不想阻止，或者说不愿为此投入成本。

记住，大多数污染是我们的消费活动产生的负面效应。工程学或物理学固然复杂艰深，但是要让人类改变行为则极有可能难度更大。目前限制消费活动的回报太小，对过度消费活动的惩罚也太轻。戈尔和其他环保斗士积极呼吁人类减少消费，进而减少污染。没错，这是一个崇高的使命。然而，从激励或惩罚角度看，这种呼吁的号召力并不是很强。而且要大众都改变行为，听起来固然令人着迷，然而令人郁闷的是，这难以做到。只要问问塞梅尔维斯就知道了。

医生最容易违规？

早在1847年，塞梅尔维斯就解开了产褥热之谜，被奉为英雄，对吗？

完全相反。没错，他规定医生做完尸体解剖都要洗手后，维也纳总医院产妇的死亡率骤然下降了。然而，其他医院的医生对塞梅尔维斯的发现不屑一顾。他们甚至嘲笑、侮辱他。他们认为，仅仅洗洗手，根本就不可能防止如此灾难性的疾病发生！而且，那个时代的医生可绝不是什么谦虚的家伙，他们是不可能接受自己正是罪魁祸首这一说法的。

塞梅尔维斯心灰意冷，绝望之余，开始吹毛求疵，言语尖酸刻薄。他自封为救世主弥赛亚，给奚落他理论的每个人贴上“孕妇和婴儿谋杀者”的标签。他的言语往往十分荒谬，个人行为也极为古怪，尤为好色。如今看来，我们可以断定，塞梅尔维斯那时已经疯了。47岁时，他被人哄骗住进了疗养院。他曾试图逃离，后又遭到强制性监禁，随后两个星期就死了，毫无美名可言。

但是，这并不意味着他就不对。塞梅尔维斯死后，路易斯·巴斯德（Louis Pasteur）对细菌理论进行的研究，证明他是对的。此后，治疗患者之前，一丝不苟地把手洗干净已成为医生工作时的惯例。

那么，当代医生遵循了塞梅尔维斯设立的规定了吗?

大量的研究表明，医护人员洗手或消毒的次数之少，甚至达不到规定次数的一半。而且，医生最容易违规，比护士或助手要松懈得多。

这似乎令人难以理解。在现代世界中，我们往往相信，通过教育，我们就能以最合理的方式避免最危险的行为。几乎所有公共宣传都是基于这个理念，从全球变暖到艾滋病预防，再到酒后驾驶，而医生则是医院中受教育最多的群体。

在 1999 年发布的一份名为《孰能无过》(*To Err Is Human*)的报告中，美国医学研究所估计，医院本可避免的错误每年导致 44 000—98 000 位美国人死亡，这比交通事故或乳腺癌致死人数还多，其中主要原因就在于伤口感染。那么防止感染的最好方法是什么呢？医生勤洗手。

这份报告出炉后，美国各医院急忙想办法解决问题。就连洛杉矶西达斯–西奈医学中心（Cedars-Sinai Medical Center）这样世界一流的医院也发现，医护人员保持手部卫生的比率只有 65%，还需要提高。该医院高层管理人员设立了一个委员会，以找出洗手率不高的原因。

首先，他们证实，医生忙得不可开交，在洗手上花多少时间，相应就要损失多少治疗患者的时间。克雷格 · 费德（那位华盛顿的急诊室改革家）估计，每一次值班，他通常会看 100 多位病人。“如果按规定办事，每接触一位病人都要跑去洗一次手的话，那么仅洗手就要花掉我近一半的工作时间。”

而且，洗手间的位置通常不合理、不太方便，病房的洗手间尤其如此，有时洗手池还会被设备或家具给挡着。与其他很多医院一样，西达斯-西奈医学中心也有装着普瑞来洗手液的设备，方便手部消毒，但往往没人用。

同时，医生洗手率不高似乎与心理因素有关。第一个心理因素，或许可被宽容地称为认识不足。在一项针对澳大利亚儿童医院重症监护病房为期5个月的研究中，研究人员要求医生自己记录洗手次数。他们自己报告的洗手率为73%——不完美，但也不太糟糕。

然而，这些医生所不知的是，护士在暗中监视他们，而且记录了他们的实际洗手率：9%。可鄙！

保罗·希尔卡（Paul Silka）是西达斯-西奈医学中心的急诊科医生，同时也担任医院的员工主管。他指出了第二个心理因素：自负。“如果你做医生已好一阵子了，就会有自负心态。”他解释说，“你会说：我不可能携带什么有害的细菌，其他医护人员才可能。”

希尔卡和西达斯-西奈医学中心的其他领导行动了，设法改变医生的行为。他们尝试了各种激励手段：以海报和电子邮件，展开甜言蜜语式的攻心宣传；每天早晨给医生送上一瓶普瑞来洗手液；设立了手部卫生巡查队，让他们在病房四处转悠，如果发现医生按规定勤于洗手，就送上价值10美元的星巴克咖啡卡。或许你会认为，高收入的医生肯定不会为这区区10美元的激励所动。“然而，没有一个人拒绝咖啡卡。”希尔卡说。

几个星期后，西达斯–西奈医学中心的洗手率的确上升了，但还不是十分令人满意。在联席理事会召开的一次午餐会议上，该医院的流行病学家雷克哈 · 墨西（Rekha Murthy）公布了上述消息。理事会联席会议大约有 20 名成员，其中大多数是医院的一流医生。听到报告结果，他们显然很气馁。午餐结束后，墨西给他们每个人分发了一个琼脂平板（agar plate），也就是消过毒的陪替氏培养皿，附有一层海绵状的细菌培养基。“我很想用你们的手做细菌培养基。”她告诉他们。

他们各自将手掌在平板上按了一下，随后墨西将琼脂平板送往实验室。希尔卡回忆说，实验结果的图像显示，“有大量的细菌菌落，令人恶心，难以置信。”

这可是该医院中最有分量的人物，是他们在告诉其他人要改变行为，然而他们自己的手居然都不干净！（而且，最令人难以接受的是，这竟然就发生在他们的聚餐会上。）

他们不忍发布这个结果。然而，医院管理层最终决定，将其中一张满是细菌的手掌图片设为医院内所有电脑的屏保，让这令人恶心的手掌发挥督促、警示的作用。对于宣誓以救死扶伤为天职的医生而言，这种令人反感的警示比其他任何激励措施都来得有效。西达斯–西奈医学中心的医生洗手率飙升，几乎达 100%。

消息传出后，其他医院开始纷纷照搬屏保解决方案。为什么不呢？屏保解决方案成本低、简单、有效。

结局皆大欢喜，对吧？

对，然而……稍微再考虑一下。自塞梅尔维斯时代以来，医生就知道应该勤于消毒、洗手，那么为什么现在说服他们这么做，却要费这么大的劲儿呢？明知按规定办事（洗手）的代价如此之低，而违规办事的潜在代价（人命关天）如此之高，为什么改变他们的行为就这么难呢？

与污染问题一样，答案再一次涉及外部效应。

如果医生没有洗手，那么受到生命威胁的主要受害人并不是医生本人。他将要治疗的病人，也就是那个有开放伤或免疫系统遭破坏的患者，才是主要受害者。病患者被感染，就是医生不洗手行为带来的负面效应，这与环境污染情形无异：开车、经常开空调，或从烟囱排放二氧化碳，都会给其他人带来负面效应。排污者不去制造污染的动机不足，医生洗手的动机也不充分。

改变行为的学问如此之难，原因就在这里。

改变行为如此之难，我们为此愁眉苦脸。如果我们能想出什么工程学、制度设计或激励措施，不用改变人们的行为就能达到目的，那该有多好啊！

面对全球变暖危机，高智发明公司正是这么想的；公共医疗部门最终乐此不疲地实施的也是这种策略，并由此减少了患者在医院感染细菌的现象。其中最佳的方法包括：为看病的患者提供一次性血压袖带；在医疗设备上镀银，形成防菌保护层；严禁医生打领带，因为英国卫生部曾提及领带“几乎从没人洗过”，“在治疗患者方面毫无益处”，而且“已证明容易滋生大量病原体”。

就因为这个，克雷格·费德多年前已改戴蝴蝶领结。在他的推动下，医院还开发出了一种虚拟现实接口，不用接触电脑设备，身穿白大褂和佩戴医用手套的外科医生就可以滚动屏幕，查看X光照片，因为电脑键盘和鼠标往往是病原体的载体，其危险性绝不比医生佩戴的领带小。所以呢，下次当你发现自己置身医院的病房时，如果没有对电视遥控器进行全面的消毒处理，请不要动它。

如此预防艾滋病：你根本不可能想到

或许，当人们的行为改变带来的大多数益处将被其他人享受时，难以让他们做出改变也就不那么奇怪了。然而，可以肯定，当我们的自身利益面临损害时，我们就会改变行为，是这样吗？

令人悲哀的是，并非如此。如果真能改变的话，那么保健食谱就总能发挥效果了（因此，也就再也不需要所谓的保健食谱了）。如果果真如此，大多数烟民早就戒烟了。如果确乎如此，受过性教育的任何人都不会成为意外受孕的当事人了。知行是两码事，截然不同，涉及个人偏好时，情形尤甚。

我们来看非洲的艾滋病病毒和艾滋病的高发率。多年来，全球各地的公共医疗部门一直都在与这种疾病作战。他们已倡导了改变行为的各种方式：使用避孕套、限制性伙伴人数等等。然而，近期有一位名为贝尔特兰·奥沃特（Bertran Auvert）的法国研究人员在南非主持了一次医学实验，意外地发现了一个令人振奋的结论，以至于他迅速终止了实验，立即呼吁采用这一新的预防措施。

这种神奇的治疗手段是什么呢？

包皮环切手术。研究发现，包皮环切手术可以降低异性性交中男性感染艾滋病病毒的危险性，降幅之高达60%，虽然奥沃特和其他科学家还没完全弄清楚其原因。随后在肯尼亚和乌干达所做的研究，进一步证实了奥沃特的结论。

在非洲所有地区，切除包皮的现象越来越多。“人们习惯于接受针对具体行为采取措施。”南非一位卫生官员说，“但包皮环切手术是手术治疗，手术刀是冰冷、钢硬的。”

毫无疑问，做不做成人包皮环切手术完全是个人选择。我们可不会贸然地去建议任何人做什么选择。然而，对于的确会选择包皮环切手术的那些人，我们有一句简单的忠告：在医生碰到你身体任何部位之前，请确保他们已经洗过手了。

SUPERFREAKONOMICS

第二章

恐怖分子的银行账户有什么特点？

探讨有关生死的不可不知的现象……

毫不夸张地说，一个人的一生可能因为他出生时的意外事件而受到巨大的影响，无论这种意外事件涉及什么时间、地点，或者是特定的事故。即使是动物，也难逃出生时遭遇“轮盘赌”的宿命。2001 年，纯血马之都肯塔基遭遇了一种神秘的疾病袭击，导致 500 头马死产，大约 3 000 个死胎。2004 年，在侥幸存活下来的 3 岁雄驹“机灵琼斯”（Smarty Jones）成年后，2/3 的三连冠赛事都由它摘得桂冠。机灵琼斯的母畜也是在肯塔基受孕的，但在那场疾病来袭之前，它已经被运回宾夕法尼亚州，算是逃过了一劫。

你可能会认为，这种因生产而引发严重后果的情形是十分罕见的，其实不然。分析过 1960—1980 年的美国人口普查数据后，道格拉斯 · 阿尔蒙德发现：某个特定人群的命运非常糟糕，终其一生都没能摆脱厄运的影响。他们饱受疾病的折磨，一生无所积蓄。而比他们早生或迟生几个月的同代人，命运却要好得多。这一群体的状况在人口统计表中十分明显，犹如火山灰层在考古记录中占据的重要位置一样——要知道，夹在两个厚厚的常态层之间的那个薄薄的沉积层，可是一种不祥之兆。

怎么回事呢？

在 1918 年爆发 “西班牙流感”期间，那些命运非常糟糕的人恰好在母亲的子宫里发育。“西班牙流感”是一种令人毛骨悚然的传染病，仅在几个月之内就夺走了 50 多万美国人的性命——这个死亡人数，正如阿尔蒙德提到的那样，比 20 世纪美国阵亡的士兵总数还多。

与此同时，还有超过 2 500 万的美国人虽感染了这种流感，但最终活了下来，其中就包括 1/3 的育龄妇女。在流感肆虐期间被传染流感的孕妇生育的婴儿，因为在不恰当的时间里被孕育，结果面临着终生都难逃厄运的危险。

其他因出生而引发的后果，也会给个人的未来造成重大影响。合作撰写学术论文，然后将作者按姓氏字母顺序排列，这在学术界是常见的做法，经济学家尤其喜欢这么干。如果一个经济学家的名字碰巧是阿尔伯特 · 齐兹莫尔，而不是阿尔伯特 · 阿布，上述署名惯例对他意味着什么呢？两位（真实存在的）经济学家探讨这个问题后发现，在其他条件都相同的情况下，阿布博士在一流学府荣获终身教职，荣升计量经济学会院士（棒极了！）的可能性更大，甚至还可能赢得诺贝尔奖。

“事实上，”这两位经济学家总结道，“我们中的一个正在考虑去掉姓氏的首字母。”而亚里夫（Yariv）这个名字会让人反感，正是因为这个原因。

或者认真思考一下这个现象：如果你在年初去世界顶级足球队的更衣室，那么你很有可能会打断那里正在举行的生日庆祝活动，而如果在一年中的晚些时候去，这种可能性就相对较小。例如，英国橄榄球联赛的近期数据表明，足有一半的运动员出生于1—3月，另一半则出生于其他月份。德国球队中，52名顶级运动员出生于1—3月，只有4名运动员出生于10—12月。

为什么出生月份会如此集中呢？

大多数优秀运动员，很小就开始玩他们喜欢的体育运动。由于青年运动赛事是根据年龄来组织的，所以联赛自然要对运动员的出生年月加以限制。欧洲青年足球联赛，跟其他很多运动项目一样，采用12月31日作为出生日的截止日期。

设想一下，你执教一个由7岁男孩组成的球队，现在要评估两位小运动员的潜力。一个叫简，生日是1月1日；另一个叫托马斯，比简晚生364天，生日是12月31日。从理论上说，他们的年龄都是7岁，但实际上简比托马斯大1岁——在幼年时期，仅大1岁就会让简占据足够的优势。简可能个头更大，速度更快，发育更成熟。

诚然，你所观察到的可能是身体发育的程度，而不是与生俱来的能力，但如果你的目标在于为球队选择最佳球员，那么这实际上也没有多大关系。十之八九的情形是，让身体瘦小的小孩上场肯定不符合教练的利益，尽管假以时日，让这个小孩再成长1年，或许就能培养出一个明星。

这种循环就此开始了。日复一日，像简这样大一点的孩子就会被选上，得到教练的鼓励，给予指导和参赛的机会；而像托马斯这样的小孩，逐渐被淘汰。这种“相对年龄效应”（relative-age effect），正如大家逐渐了解到的，在很多运动中发挥着极为重大的影响，以至于这种相对年龄的优势竟一直持续到职业联赛中。

安德斯·埃里克森（Anders Ericsson），大胡子，身材魁梧，是个活力四射的瑞典人，也是成员散布于全球各地、研究相对年龄问题的快乐组织的领导人。目前，他在佛罗里达州州立大学执教心理学，运用实证研究方法来探究个体的能力有多少是与生俱来的，又有多少是后天获得的。他的结论是：我们通常所谓的“天资”被严重地夸大了。“很多人认为，他们生来就受到某种限制，”他说，“但令人吃惊的是，几乎没有什么强有力的证据可以证明：任何取得优秀成绩的人不用花费大量的时间去实践、去追求，就能成功。”或者，换种说法，成绩突出的人——不论是球员、钢琴师、医生，还是计算机编程人员——几乎都是后天成长起来的，而不是天生的。

没错，正如你的祖母谆谆教诲你的那样，熟能生巧。但这里所说的练习，并不是指不管自己喜不喜欢都盲目地锻炼。只有通过埃里克森所称的“刻意自觉的练习”，才能臻于精通的水准。这就意味着，刻板地弹100次C小调，或呆板地训练接球（纵使接得胳膊脱臼），也是远远不够的。刻意自觉的练习要具备三个关键要素：设定具体目标；立即获得反馈；既要专心提高技能，又要注重结果。

在某方面取得优秀成绩的人，并不一定是在小时候就显示出“极富天分”的那些人。这就意味着，个人选择未来发展之路时，应该从事自己热爱的事业，因为如果你不喜欢现在所做的事，那么你就不太可能特别努力地去做，所以也就不能做到最好。

一旦开始注意观察，你就会发现生日集中现象随处可见。我们来看看美国职业棒球大联赛的案例。美国大多数青年联赛规定的出生日期截至 7 月 31 日。调查结果证明，8 月出生的美国小孩比 7 月出生的更有可能成为联赛球员，概率要大约高出 50%。纯粹依据球员的星座，是难以说服大家接受这种结论的（在打出漂亮弧线球的概率上，狮子座的球员比巨蟹座的球员要高 50%），除非你对占星术笃信不疑。

出生造成的影响无所不在，但过分夸大这种影响也是错误的。出生日期可能会使某些孩子被边缘化，然而有些因素所造成的影响则远比这要大得多。如果你希望自己的孩子打进美国职业棒球大联赛，你所能做的最重要的事是确保将要出生的婴儿细胞核中没有包含两条 X 染色体，这比计算好在 8 月生孩子重要无数倍。如果不是两条 X 染色体，你就迎来了一个儿子，而不是女儿，那么现在你还需要了解这么一个关键因素，这是使你的儿子比其他任何男孩打进棒球大联赛的概率高出 800 倍的唯一因素。

什么因素可能发挥如此重大的影响呢?

孩子的父亲是棒球大联赛的球员。因此，如果你的儿子没能被选为棒球大联赛球员，你无法怪罪任何人，除了你自己——当你还是小孩子时，本该勤加锻炼、提高球技。

公路交通事故增多：全是“9·11”恐怖袭击惹的祸？

有些家庭产棒球球员，有些家庭则出恐怖分子。

人们通常认为，恐怖分子出自贫困家庭，受教育程度很低。出生在贫困家庭、受教育程度很低的孩子，长大后比一般人沦为犯罪分子的概率要大很多，因此，恐怖分子不也应该如此吗？

为了探究真相，经济学家艾伦·克鲁格（Alan Krueger）认真梳理了真主党出版的名为《时代周刊》（*Al-Ahd*）的时事通讯，编纂了 129 个殉道者的生平详情。随后，他将这些殉道者与黎巴嫩的普通同龄人进行了比较。结果发现，恐怖分子出自贫困家庭的概率更小（恐怖分子有 28% 出自贫困家庭，而随机抽取的普通同龄人有 33% 出自贫困家庭），更有可能接受了高中以上的教育（47% 对 38%）。

克劳德·白莱比（Claude Berrebi）对巴勒斯坦自杀式人体炸弹所展开的一项类似分析发现，仅有 16% 的自杀式人体炸弹出自贫困潦倒的家庭，与此相对，超过 30% 的巴勒斯坦男性家境贫穷；同时，60% 以上的自杀式人体炸弹都上过高中，而巴勒斯坦总人口中仅有 15% 的人接受过高中教育。

总的说来，克鲁格发现：“恐怖分子往往受教育程度较高，出自中产阶层或高收入家庭。”尽管也有为数不多的例外，例如爱尔兰共和军，或许还可算上斯里兰卡的泰米尔猛虎组织（没有足够的证据可以确认），但前述情形更具有广泛代表性，从拉丁美洲的恐怖主义组织到在美国实施“9 · 11”恐怖袭击的基地组织。

该怎么解释这种现象呢？

可能是这样的：当肚子还没填饱时，你更多考虑的是填饱肚子，而不是把自己炸上天。也可能是，恐怖主义头目极为看重（执行任务的）能力，因为实施恐怖袭击要求精心策划，这不是一般犯罪活动所能比拟的。

此外，正如克鲁格所指出的，犯罪活动的实施主要受个人利益的驱使；而恐怖主义活动，究其根本具有政治性。根据克鲁格的分析，最有可能成为恐怖分子的那类人，与最有可能在政治选举中投票的那类人较为相似。

熟悉历史的读者都会看出，克鲁格对恐怖分子特征的描述，听起来倒是与典型的革命家有那么几分相似。菲德尔 · 卡斯特罗、切 · 格瓦拉、胡志明、莫罕达斯 · 甘地、列夫 · 托洛茨基、西蒙 · 玻利瓦尔、马克西米连 · 罗伯斯庇尔——这些家伙中，没有哪一个出身社会下层，没有哪一个没接受过良好教育。

但是，革命家与恐怖分子的目标截然不同。革命家希望推翻旧统治并建立新政府。恐怖分子则希望，怎么说呢，其目标我们不是总能弄得很清楚。一位社会学家曾这样说，他们或许希望按照他们自己的反社会的邪恶愿景重塑世界，宗教性恐怖分子则可能希望削弱他们所憎恨的非宗教体制。克鲁格引述了学术界对恐怖主义所做的 100 多个不同的定义。“在 2002 年举行的一次会议上，”他写道，“来自 50 多个伊斯兰国家的外交部部长，一致同意谴责恐怖主义行径，却无法就谴责对象的具体定义达成一致意见。”

恐怖主义活动尤其让人恼火的地方在于，杀戮本身倒并不是其主要目标。确切地说，恐怖主义活动是一种手段，一种把活人吓得屁滚尿流的手段，一种将活人的正常生活搅得鸡犬不宁的方式。正源于此，恐怖主义的威慑效果极大，造成的恐慌是同等级别的非恐怖主义暴力活动所远远无法达到的。

2002 年 10 月，华盛顿特区市郊发生的凶杀案有 50 起，这是一个比较正常的数字。但其中 10 起凶杀案的性质却不太一样，不是因家庭争端或帮派火拼造成，而是毫无理由的随机射杀。没有招惹谁的普通人，要么在加油时被杀，要么在离开商店时遭袭，要么在修草坪时遇害。这样无辜的人被射杀后，恐慌情绪开始蔓延。随着被射杀人数的逐渐增多，整个华盛顿特区几乎完全瘫痪。学校关闭，户外活动取消，很多人根本就不敢走出家门半步。

哪个狡猾巨奸、金钱满贯的组织制造了这种恐慌？

结果表明，就两个人：一个 41 岁的男性及其十多岁的从犯。他们驾驶一辆老款的雪佛兰汽车，用口径为 0.223 英寸的毒蛇步枪射击，宽敞的后备厢成为天然的狙击掩体。行动如此简单，成本如此之低，后果如此可怕，这就是实施恐怖活动的优势所在。设想一下这样的情形：实施“9 · 11”恐怖袭击事件的那 19 位劫机犯，不是费尽心思地劫持航班，再撞进高楼，而是化整为零，分散在美国各地，每人持一支步枪，驾驶一辆汽车，每天开往新的地点，在加油站、学校和饭店随意射杀。如果这 19 人同步实施行动，那么事实上不啻每天都在全美范围内引爆定时炸弹。你很难成功抓捕他们，纵使其中之一落网，其他 18 人仍会继续制造屠杀。如此下来，整个美国都会就范，屈服于这伙人的淫威。

恐怖主义之所以具有这样的效应，是因为除了直接受害者，我们每个人都会因之而遭受损失（付出成本）。其中最大的间接成本就在于，我们害怕以后会遭到袭击，虽然从很大程度上说，这有杞人忧天的嫌疑。在一个年度内，一个美国人死于恐怖袭击的概率大约是五百万分之一；相比之下，他自杀的概率要比遭受袭击的概率高 575 倍。

再思考一下不那么显而易见的损失，例如时间浪费、自由受限。回想一下你上次搭乘飞机的经历。沿机场安检线顺次排队，被迫脱下鞋子，小心挪动套着袜子的双脚，通过金属探测器，随后收起所有行李，步履蹒跚地四处寻找登机口。

对于恐怖分子来说，恐怖主义的“魅力”在于，即便他没能“成仁”，也能“成功”。机场之所以例行检查旅客的鞋子，要“得益于”一位名叫理查德 · 里德（Richard Reid）的举止诡异、弄巧成拙的英国人。他虽然没能成功引爆鞋中的炸弹，却也让我们付出了巨大的代价。我们假定，在机场安检线脱鞋、再穿上，平均用时 1 分钟。仅在美国，这个程序每年要执行约 5.6 亿次。5.6 亿分钟大致相当于 1 065 年，如果用这个数字除以 77.8 年（美国人的预计平均寿命），结果约等于 14，也就是相当于 14 人累加的总寿命。所以，即使理查德·里德没能炸死一个人，他也向我们征收了一种时间税：我们每年就此浪费的时间相当于14个人的总寿命。

“9·11”恐怖袭击所造成的直接损失是巨大的——近3 500人丧命，经济损失高达3 000亿美元——这也是美国在阿富汗和伊拉克开战所付出的代价。再来思考一下“9·11”恐怖袭击所引发的间接成本。在恐怖袭击后的三个月内，美国发生的交通致死事故额外增加了1 000例。为什么呢？

其中一个原因在于，许多人不再选择乘坐飞机，而是自己开车出行。以每英里的路程而论，驾车比乘坐飞机要危险得多。然而，有趣的是，我们的数据显示，大多数额外增加的交通致死事故并不是发生在州际公路，而是在地方公路，而且大多集中在美国东北地区，毗邻恐怖袭击发生地。而一般情形下，交通致死事故更有可能与酗酒以及疯狂的驾驶行为有关。这些事实再加上诸多对恐怖主义后果展开的心理学研究表明，“9·11”恐怖袭击导致了酗酒现象以及遭袭后心理创伤和焦虑现象的激增，而这在其他因素的综合作用下，就引发了更多的交通致死事故。

此类涓滴效应无穷无尽。“9·11”恐怖袭击发生后，因为新签证限制措施的实施，成千上万的外国大学生和教授被挡在美国大门之外。至少有140家美国公司利用随后股市的下挫，非法倒签股票期权，赚得盆满钵满。在纽约市，大量的警力资源转而部署在反恐一线，结果导致其他部门（例如未结案调查组及打黑调查组）备受冷落。美国各地情形大致相同。本可以用来追踪金融罪犯的资金和人力资源，都悉数部署到追踪恐怖分子的行动中，或许这也是导致或至少恶化近期金融危机的一大原因吧。

“9 · 11”恐怖袭击的余波并不全是负面的。得益于航班客流量的减少，流感——在飞机上很容易传播——的扩散速度开始下降，也没有以前那么危险。在华盛顿特区，每当国家安全警戒级别上升时，更多警力会部署到该市，该市犯罪率就会下降。而且，当美国加强边境安全保卫时，也给加州的某些种植户带来了一场及时雨：随着从墨西哥和加拿大流入美国的大麻数量的减少，这些种植户转而大面积种植和出售大麻，结果，大麻竟然成了该州最重要的经济作物。

最出色的医生和最差劲的医生有何区别?

当被劫持的 4 架飞机中的一架撞进五角大楼时，所有重伤员（其中大部分为烧伤患者）都被送往该市最大的医院——华盛顿中心医院救治。其实所要救治的患者为数很少，因为大多已经死去，但即便如此，烧伤科室也几乎人满为患。与其他大多数医院一样，华盛顿中心医院的负荷一般为 95%，因此，即便突然送来少量的患者也会导致整个系统不堪负载。更为糟糕的是，华盛顿中心医院的电话线路遭到破坏，而该地区的移动电话网络也失灵了，因此要想打电话，任何人都得跳上车，开到几英里外才行。

总体而言，华盛顿中心医院在抢救工作中的表现可圈可点。但是，对于在那里工作的一位急诊医学专家克雷格·费德而言，这次突发事件进一步加重了他心中最大的忧虑。如果当时的烧伤患者再多一些，就会导致华盛顿中心医院陷入失控的混乱局面，那么在更为可怕的灾难来袭，最需要做急诊治疗时，又会是什么情形呢？

其实，早在“9·11”恐怖袭击发生之前，克雷格就已花了数千个小时专门思考这一令人不寒而栗的问题。他是联邦政府资助的一个命名为“急诊室1号试点项目”的总规划师，该项目的宗旨是确保急诊室与时俱进。

20世纪60年代以前，医院根本不管突发情况。“那时，如果你在晚上把某个病人送到医院，”费德说，“医院的大门是锁着的。你去按门铃，护士会过来问你有什么事。或许她会让你进去，然后打电话给已回家的医生，而那位医生可能过来，也可能不过来。”救护车往往是由当地殡仪馆运营的——竟然让丧葬承办人来负责帮助运送（还活着的）患者，患者不死才怪！这种错位的措施设计之荒唐，已属登峰造极了。

如今，急诊医学成为美国第七大医学专科（共38个专科），自1980年以来从业人数已增加了5倍。急诊医学要求医生掌握多项技能，而且要以闪电般的速度救死扶伤，所以急诊室已逐渐发展成为维系公共健康的不可或缺的关键部门。美国急诊室接待的患者，一年可达1.15亿人次。除了孕妇生产之外，美国医院所接纳的所有患者中，56%是从急诊室转过来的，而在1993年，这一比例是46%。不仅如此，费德说，“我们的医疗计划漏洞太大，大到你能开辆卡车过去。”

“9 · 11”恐怖袭击后的善后处理，已确定无疑地凸显出急诊室规模太有限，无法安排激增的伤病人员，这让人十分担心。如果华盛顿中心医院突然增加1 000例受害者，那么急诊室是否够用呢?

想到这种可怕的情形，费德就极其痛苦。大多数急诊室外都有救护车专用停车位，一次仅能容纳几辆车。卸架平台也建得太高，“因为建造平台的那些人，已经习惯于建造装货平台。”费德说。顶楼的停机坪也存在类似的问题，因为只有一部电梯，时空方面的限制在所难免。为了解决此类瓶颈难题，费德的想法是设计一个更像机场的急诊区域，要有一个占地很大的向四周辐射的人员接纳区，这样就能开进来为数众多的救护车、公交车，甚至直升机。

然而，这类人员接纳问题并不是费德最担心的。如果某种严重的极易传染的病毒——例如非典、炭疽热、埃博拉病毒或致命流感的最新变体病毒——肆虐于医院之内，那么医院本身就会陷于瘫痪。与大多数大楼一样，医院大楼的空气流通可能也不太好，这意味着一个患者就会感染数百人。“去医院治疗脚踝骨折，结果却染上非典，你不会希望这事发生在自己身上。”费德说。

解决这种问题的方案在于，建造设有隔离室及全封闭病房的医院，尤其是这样的急诊室。然而，费德提到，大多数医院不想在这方面花钱，因为不能带来额外收入。“2001年曾建过一些很好的医院，设计一流，如今看来，已完全跟不上时代发展的需求了。那些医院建有开放式的隔间，用帘子分开，但如果4号病床上躺着一个非典病人，那么肯定没有患者或医生愿意去5号病床。”

而且费德发现在自己还没开始为急症病号进行治疗时，有些病人就已经死了，但死因并不是患者就医的病因，而是：诊断错误（粗心大意、自以为是或认知偏见所致）、用药错误（许多是因用药处方字迹潦草所致）、医学用语不精通（例如把X-ray倒过来念）、细菌感染（最致命也最普遍的问题）。

“目前的医疗状况真是糟糕透顶，过去的行为方式没有多少是值得提倡的。”费德说，“医学界没有一个人会承认，但事实就是这样。”

费德在加利福尼亚州的伯克利市长大，正值喧嚣无序的20世纪60年代，对他而言，这种环境简直太好了。他滑着滑板到处跑，偶尔也会加入当地一个名为“感恩而死”的乐队，即兴演奏。在机械方面，他天资聪颖，只要感兴趣的东西，都能将其拆卸，然后再组装复位；而且胆识过人，事业心强：18岁时已经创建了一家小型科技公司。踏入医学领域之前，他专攻生物物理学和数学。他说，后来之所以成为医生，是因为“被神秘的知识魔力吸引”，渴望能像了解机械系统那样充分认识人体。

当然，机械仍是他的最爱。他总是积极地采用最新技术：在急诊室装上传真机，玩电动滑板车，在当时，传真机和电动滑板车还是新鲜玩意儿。他还兴奋地回忆起了35年前的一次讲座，主讲人是计算机科学家艾伦·凯（Alan Kay），主题是“面向对象编程”。凯的想法是将每个代码转换成逻辑单元，使之与其他任何单元交互作用，这是“流式编程”的奇迹，程序员从此轻松多了，同时还有助于提高计算机的稳定性和灵活性。

1995年，费德的老同事马克·史密斯（Mark Smith）聘请他到华盛顿中心医院工作，帮助自己解决医院急诊室的诸多难题。（史密斯对技术的优势也笃信不疑。他毕业于斯坦福大学，获计算机硕士学位，硕士论文的导师不是别人，正是艾伦·凯。）没错，华盛顿中心医院的某些科室口碑很好。但是急诊室在华盛顿特区的口碑却一直最差，被公认为拥挤不堪，反应迟缓，秩序混乱；急诊室主任几乎每年一换，而且连急诊室主任自己也称，急诊室是“别人不太想去的地方”。

截至目前，费德和史密斯已联手在不同的急诊室救治过10万多名急症病号。他们发现急诊室的信息总是缺失。患者进入急诊室后——无论知觉尚存还是不省人事，不管合作与否、神志清醒抑或酩酊大醉——医生必须迅速决定采用何种救治方案。但是，他们往往得提出更多问题，因为他们缺乏这方面的信息：病人近期是否在用药？病人有无病史？血细胞计数过低是意味着急性内出血，还是因为慢性贫血？两个小时以前就应该做好的CT扫描，结果在哪里？

“数年来，我救治病人时得到的信息一直很少，仅限于患者告诉我的信息。”费德说，“要拿到其他数据，得等很长时间，因此就不能把这些数据考虑在内。我们通常知道需要什么数据，甚至清楚这些数据在哪里，但就是无法及时获得这些信息。对救治方案起决定性作用的那么一个数据，可能要在两个小时后甚至两个星期后才能拿到。在紧张忙碌的急诊室，两分钟也耽误不起。当40个急症病号需要立刻救治，而其中20人正面临死亡的威胁时，上述情形是完全不能容忍的。”

这个问题痛苦地折磨着费德，最后他竟然把自己打造成了世界上第一个急诊医学信息专家。（这个词是他根据计算机术语在欧洲国家的叫法而创造的。）他认为，改善急诊室临床护理的最佳手段就在于提高信息流动的速度。

早在费德和史密斯接手华盛顿中心医院急诊室前，他们就聘请了一些医学院学生，对急诊室的医生和护士进行跟踪调查，向他们提出为数众多的问题。很像苏希尔·温卡什聘请专人对芝加哥街头妓女进行访谈一样，他们也希望收集到这种靠其他方式难以获得的可靠的一手资料。那些学生问及的问题包括：

- 正如上次我跟您谈过的，您需要什么信息呢？
- 您要多久才能得到这些数据？
- 您从哪里得到数据的？您打过电话吗？是从工具书中查到的，还是和医学图书管理员讨论过？
- 您是否找到了满意的答案？
- 您是否根据那个答案做出过治疗决策？
- 您的决策给病人治疗带来了什么影响？
- 那个决策对医院产生了什么样的财务影响？

“诊断结果”非常清楚：华盛顿中心医院急诊室存在严重的“数据不足”（datapenia）[①]问题，也就是“数据计数偏低”（low data

① “数据不足”一词也是费德创造的，从白细胞减少症（leucopenia）截取后缀而得。

counts）[1]。医生花在“信息管理”上的时间大约占了60%，而直接用于治疗病人的时间却只占15%。这个比例令人震惊。“急诊医学不是以身体器官，也不是以患者年龄组来定义，而是一个时间决定一切的学科。”史密斯说，“急诊医学就是在救治患者的头60分钟要见成效的学科。”

史密斯和费德发现，医院中300多个数据来源——主机系统、手写便条、扫描影像、化验结果、心血管造影的视频流，以及用Excel电子表格记录在某人计算机中的感染控制跟踪系统——均没有实现交互。“如果负责感染控制跟踪系统的人去度假了，而你正设法追踪突然增多的肺结核病例，那么你只能祈求上苍显灵。”费德说。

为了满足急诊室医生和护士的真正需求，就得从头开始设计一整套计算机系统。这个系统必须囊括各种信息（即使只是缺乏一个关键数据，实际上也没有达到要求）；必须具有强大的功能、惊人的容量（例如，仅一次磁共振成像扫描就需要大量的数据存储空间）；必须兼容性强（如果系统无法将医院所有部门过去、现在或将来的任何数据整合进来，那么这个系统就毫无用处）。

而且，这个系统的处理速度要非常快。不仅仅因为在急诊室决策缓慢意味着病人会因此丧命，而且还因为，正如费德从科学文献中所得知的那样，在使用计算机时，如果点击鼠标后在显示屏上看到新数据的响应时间超过1秒，那么计算机用户就会出现“意识漂移”

① “数据基计数偏低”是仿“白细胞计数偏低”（low white-blood-cell counts）而得。

(cognitive drift);而如果响应时间超过10秒,那么这个用户的注意力会完全分散。这就是治疗错误发生的原因。

为了开发这样一种速度超快、功能强大、包罗万象的系统,费德和史密斯开始把目光转向他们昔日为之疯狂的东西:面向对象编程。于是,他们利用一种自己所谓的"数据中心"和"数据单元"的新型架构,启动了这项工作。他们的系统将把每个部门的每条数据加以转换,以一种允许每条数据能与其他任何一条数据,或其他任何10亿条数据交互的方式,存储在系统中。

可是,在华盛顿中心医院,并不是每个人都这样饱含激情。从本质上说,公共机构都是规模庞大但又缺乏灵活性的"野兽",有些属于自己管辖范围的事务是一定要加以保护的,而有些条条框框也是绝不能被打破的。有些部门视数据为自己专有,是不会拿出来共享的。该医院的采购条例十分严格,因此费德和史密斯也无法采购到他们需要的计算机设备。"有一位高层管理者恨透了我们,"费德回忆说,"因此总是不遗余力地设法抵制我们的请求,阻挠有关人员与我们合作。他曾在晚间进入服务请求系统,将我们的服务请求一一删除。"

费德是这样一个世间少有的怪人:总是反其道而行之,玩电动滑板车,办公室墙上还挂着胡安·米罗的原作;而且,当受到质疑时,他一定要设法取得最后的胜利,要么通过个人魅力,如果有必要,甚至会采用胁迫的方式。就连他对开发出的新计算机系统的命名,也有故弄玄虚、故作高深之嫌——Azyxxi(念作uh-ZICK-see),他告诉其他人,这个名字来源于"能够看到遥远地方(未来)"的腓尼基人,但实际上他笑了笑承认道，“就是我们自己造的。”

最终，费德赢了，或者更确切地说，数据获胜了。在华盛顿中心医院急诊室的唯一一台台式计算机上，Azyxxi投入使用了。费德在电脑上贴了一个标签：“Beta 测试版：请勿使用。”（没有人说过他不聪明。）就像亚当和夏娃那样，医生和护士开始小口小口地吃着那个禁果，随后便发现这套系统堪称奇迹。几秒钟之内，他们就能查到自己需要的任何信息。一周之内，这台台式计算机前就排起了长队。这些人不仅仅是急诊室的医生，他们来自医院的各个部门，专门来查数据的。乍看之下，整个系统就像是超常创造力的产物。然而，费德说，不是这样，它是执着结出的硕果。

不出几年，华盛顿中心医院的急诊室便从垫底的位置，问鼎华盛顿特区首屈一指的医疗科室。Azyxxi计算机系统所存储的专供医生查阅的信息量已增长4倍，医生在“信息管理”上花费的时间已减少了25%，用于直接治疗患者的时间是以前的两倍多。以前，到急诊室就诊的平均等候时间为8小时；现在，60%的急症患者在两小时之内就能得到救治。患者的治疗效果比以前好，医生也更开心（出错概率下降了）。每年接待的患者数量翻倍，从4万增加到8万人，而急诊室的工作人员仅增加了30%。工作效率大为提高，而这给医院的收入也带来了积极的影响。

Azyxxi计算机系统的优势越来越明显，这时其他医院也打来了电话。最终，微软公司也打来了电话，收购了这套系统、克雷格·费德及其他所有相关资产。微软将其重新命名为Amalga，第一年便在14家大医院安装了这套系统，包括约翰·霍普金斯医院、纽约长老会医院及梅奥医学中心。虽然这套系统是在急诊室研发出来的，但是目前90%以上的时间都是其他部门在使用。截至本书写作之时，Amalga系统涵盖了分布在350家治疗中心的大约1 000万人的数据；正在家记录赛事得分并统计数据的人听好了，这可是超过150太字节[①]的数据量！

如果说Amalga系统仅改善了患者的治疗效果，提升了医生的工作效率，这已经够了不起了，但还不仅如此，如此庞大的数据库还创造了其他有利的机遇。医生可通过查找生物表征，来确定其他尚未诊断的患者的疾病；可使医院收费的效率更高；使电子医疗记录的梦想即刻成为现实。而且，因为实时从美国各地采集数据，这个系统还可用作预防疾病暴发甚或生化恐怖主义的“远距离早期预警线”（Distant Early Warning Line）。

基于多种原因，评估医生医术总是十分棘手。

首先是选择性偏差：患者并不是随机分给医生治疗的。两位心脏病专家会对应两组病患者，这两组病患者在很多方面存在差异。医术更高的医生治疗的病人，其死亡率甚至更高。为什么？或许病情更严重的病人会挑选医术最好的心脏病专家，因此，虽然这位医生的医术的确很好，但他的病人也比其他医生负责的病人更容易死亡。

① 太字节是计算机存储容量的单位，1太字节相当于2的40次方或1万亿字节。——译者注

因此，仅仅根据患者的治疗结果评估医生的医术，会让我们不得其门而入。关于医生的“报告卡”大致就是这么干的。是的，这种做法有其道理，但同样也会导致某些我们不希望出现的后果。知道依据病人的治疗结果来打分的医生，为了不让自己的得分受到影响，可能会采取“撇脂”策略，拒绝接手那些最需治疗的高危患者。更确切地说，相关研究已表明，正是因为受某些医生的这种心理影响，医院的报告卡实际上伤害了病患者。

医生医术评估工作之所以棘手，还因为治疗效果可能要在病人被治疗之后很久才能被发现。比如，当医生观看一张乳腺X光照片时，她不能肯定病人是否患了乳腺癌。如果预约做了活检，那么她可能会在几周后确诊，或者，如果没能查出患者的肿瘤，而患者最终因此丧命，那她可能永远无法确诊了。即使医生的诊断无误，得以采取适当的治疗方案，防止病情继续恶化，但也难以确保患者就会遵从医嘱。他是否按所开的处方吃药？是否听从医嘱，改变饮食及锻炼方案？他是否不再吃熏猪皮？

结果证明，克鲁奇·费德团队从华盛顿中心医院急诊室获取的数据，正好是评估医生医术所需要的资料。首先，数据库容量庞大，记录了8年内大约24万名患者的62万多次的就诊资料，还包括治疗这些病人的300多位医生的背景详情。

患者的任何资料都包含在系统中，从她轻松走进，或踉踉跄跄地晃进，或被抬进急诊室的那一刻起，直到离开医院，不论生死，所有资料一应俱全。这些数据包括：个人信息；患者进入急诊室时的症状；治疗了多长时间；患者被诊断和治疗的情况；患者是否住院，住院时间长短；患者是否再次住院；治疗总费用多少；患者是否死亡，死亡时间。（即使两年后死于他处，我们仍然可以将这一数据纳入我们的分析过程，因为该医院的数据与社会保障死亡索引数据是互通的。）

系统数据也会告诉我们哪个医生治疗哪个病人的详情，我们也能据此获得医生的很多情况，包括年龄、性别、就读医学院、实习医院以及从业年限。

一想到急诊室，许多枪击事件的受害者，就会浮现在人们的脑海中。现实生活中，这类具有轰动效应的事件的伤员只占急诊室负荷的一小部分，因为华盛顿中心医院另设有外伤急救中心，所以此类急救病人在我们的急诊室数据中尤为少见。尽管如此，急诊室所接纳的病人，其症状之千奇百怪，也确实令人震惊，从威胁生命的病症到完全超出你想象的情形，无所不有。

平均算下来，每天大约有 160 名患者到急诊室看病。业务最忙的时候是周一，周末则最清闲。（这也间接反映了一个现象：很多人病情并不是非常严重，否则他们为什么要过完周末才去看医生呢？）急诊室业务高峰期在上午 11 点左右，最清闲是下午 5 点，这两个时间段的就诊病人比例可达 5 ∶ 1。每 10 个病人中有 6 个是女性，病人平均年龄为 47 岁。

病人到达急诊室做的第一件事是告诉分诊护士自己的病症。有些症状是常见的：气短、胸痛、脱水、类似感冒的症状。有些症状却十分罕见：喉咙卡鱼刺了、头被书砸伤了，还有很多被咬的病例，包括被狗咬伤（约 300 例），或被蜘蛛咬伤（约 200 例）。有趣的是，被人咬伤的（65 例）比被老鼠和猫咬伤的总数（30 例）还多，其中还有一例是“在工作时被客户咬伤的”。（可惜的是，患者就诊表中没有从事职业一项。）

到急诊室接受救治的绝大多数患者，是活着离开医院的。出院后的 1 周内，每 250 名患者中仅有一人死亡； 一个月内，1%的患者死亡；一年内，大约有 5%的患者死亡。一种病症是否有致命的危险，并不总是十分明显的（患者本人尤其不知情）。假定你是一名急诊医生，在候诊室有 8 位病人需要治疗，每个人有下面列出的 8 种症状中的一种，相对而言，其中 4 种症状比另外 4 种症状的致死率要高。你能分辨出哪种症状的致死率更高吗？

症状

四肢麻木	精神病发作
胸痛	气短
发烧	感染
眩晕	血栓

以下是依据患者在 12 个月内死亡的概率给出的答案[①]：

① 这里及本书其他地方提及的死亡率，都是参考年龄和其他症状做出一定调整的死亡率。

高危病症	低危病症
血栓	胸痛
发烧	眩晕
感染	四肢麻木
气短	精神病发作

气短是目前最常见的高危病症。（这种症状通常都以“SOB”①表示，因此，如果某天你在你的就医记录上看到这个缩略语，不要以为那个医生讨厌你。）对于很多患者而言，气短似乎并没有诸如胸痛的症状来得令人恐惧。我们看看下列数据：

	气短	胸痛
患者的平均年龄	54.5	51.4
占急诊病人病症比例	7.4%	12.1%
住院率	51.3%	41.9%
1 个月内的死亡率	2.9%	1.2%
1 年内的死亡率	12.9%	5.3%

可以看出，一年之内胸痛患者的死亡率绝不比一般急诊患者的死亡率更高，而气短患者死亡率是胸痛患者死亡率的两倍多。与此类似的是，因血栓、发烧或感染而到急诊室看病的患者，大约有 10% 的人会在一年内死亡；但如果患者的症状是眩晕、四肢麻木或精神病发

① SOB 是 son of bitch 的缩略语，意思为“狗娘养的”之类，是主要针对男性的十分粗鲁的骂人语，而在文中，这一缩略语表示“气短”（short of breath）。——译者注

作，其死亡率则只有前者的1/3。

既然已经了解这么多，现在我们回到先前提到的一个问题上来：既然我们能弄到所有这些数据，我们如何借此评估每位医生的医术呢？

最显而易见的方法就是，看医生为病人治疗效果的原始数据。事实上，这种方法会反映出医生之间的极大差异。可如果这些结果果真可靠的话，那么在你的一生中，当你出现在医院急诊室时，还有什么因素比碰巧为你看病的那个医生的真实治疗效果的原始数据更重要呢？

然而，基于同样的原因，你不应该把有关医生的报告卡太当一回事，片面地依据报告卡比较医生极易让你进入误区。在同一急诊室工作的两个医生，治疗的可能是两种不同类型的患者。例如，不同时间段接收的患者通常不一样，中午看病的患者，其年龄往往比在深夜来医院的大10岁左右。即使在同一个时间段值班的两位医生，也可能因为技能和兴趣的差异而为完全不同类型的患者看病。将患者合理分配给医生的工作，是由分诊护士负责的。因此，某个医生在值班时被分配的患者，可能全是精神病患者，也可能全是老年病患者。气短的老年患者，比有同样症状的30岁患者的死亡概率大得多，因此，这时我们得谨慎行事，不能妄加评判，或许这个医生医术高明，只是他治疗的病人是老年人罢了。

你真正想做的是一个随机的控制实验：当病人来急诊室时，将他随机地分配给某个医生，而不管这个医生是否还有其他病号要看，是否忙得焦头烂额，也不考虑该医生是否具备治疗某种疾病的医术。

然而，实验中涉及的主体可是一群真实存在的大活人，而他们的工作正是要将另一群真实存在的大活人从死亡边缘救回来。因此，这类实验是不会发生的，而且理由显然充分。

既然我们没法开展严格意义上的随机实验，而仅仅盯住原始数据中病人的治疗效果又会让人误入歧途，那么评估医生医术的最佳手段是什么呢？

因为急诊室的性质，还有一种实际的随机因素存在，这可以帮助我们找到答案。这其中的关键在于，当患者到达急诊室时，当时哪位医生在值班，他们是毫不知情的。因此，10 月某个周四下午两三点到医院看病的病人，通常会与下周同一时间段，或下下周同一时间段的病人存在相似之处。但是，在这连续三周的周四的同一时间段内，值班医生十之八九是不同的。因此，如果在第一个周四看病的病人，其治疗效果没有第二周或第三周就诊病人的治疗效果好，那么原因可能就在于，第一个周四的值班医生没有后面两周值班医生的医术高明。（本例所研究的急诊室，每个班次通常有两三位医生值班。）

当然也可能有其他原因，例如运气差、天气不好或大肠杆菌爆发。然而，当你要评估某个医生医术，在查看其数百次值班期间治疗病人的记录后发现，在这些班次接受治疗的患者，其治疗效果明显较差，那么这就比较清楚地反映了一个问题：医生是主要原因。

关于研究方法，最后补充一点：诚然，我们是通过哪些医生在同一个班次上班这一信息来进行分析，我们并未考虑哪个医生治疗了哪个特定患者，为什么呢？因为分诊护士的工作职责在于，把患者合理分配给医生，这种分配不是随机简单处理的。在我们的分析中毫不考虑医生和患者匹配的具体情形，似乎有违常理，甚至有浪费资源的嫌疑。然而，在医患双方选择都是非随机的情况下，要找到问题的真正答案，唯一方法就是舍弃貌似十分重要的信息。

那么，将这种方法应用于克雷格 · 费德所收集的海量数据集中，我们又能得到有关医生医术的什么结论呢？

或者，我们可以这样说：如果你到急诊室时病情十分危急，那么你存活下来的概率到底在多大程度上取决于值班医生呢？

简短回答就是……关系并不大。原始数据反映出的大多数看似是医生医术的因素，事实上是医生的运气使然，也就是说，这是因为有些医生治疗的病人其病情并没有那么危急罢了。

这不是说，急诊室中最优秀的和最差劲的医生之间毫无差别。一年中，急诊室最出色的医生治疗的病人 12 个月内的死亡率，大约比同期平均死亡率低 10%。这个比例似乎不是很高，但在一个业务繁忙的急诊室，每年治疗的病人多达数千，因此相对于最差劲的医生来说，最优秀的医生每年或许可以多救六七条人命。

有趣的是，在很大程度上治疗效果与治疗费用没多大关系。这意味着最出色的医生在检测费、住院费等方面不会比那些逊色的医生收费更高。现在，大家普遍认为，在医疗保健方面的支出越多，治疗效果就会越理想。而上述事实却与当下人们普遍接受的观念相左，这值得深思。目前在美国，医疗保健支出占国内生产总值的 16% 以上，与 1960 年相比上升了 5%，预计到 2015 年将占 20%。

那么，最出色的医生有什么特点呢？

从很大程度上说，我们的发现并不是令人非常吃惊。出色的医生从一流医学院毕业的比例之高令人咋舌，或者曾在知名的医院实习。丰富的从业经验也非常重要：工作经验比别人多出10年，也能产生与在顶级医院实习所带来的同样优势。

还有一点，出色的急诊医生往往是女性。当如此多的聪明女性拒绝接受教职工作转而就读医学院时，这可能对美国中小学的适龄孩子极为不利，但是通过分析，我们备感欣慰地发现，在挽救生命方面女医生比男医生略胜一筹。

与一名医生出色与否无关紧要的一个因素似乎是同事的评价——不论评价是高是低。我们要求费德和华盛顿中心医院的其他主任医师列出急诊室最出色的医生。事实证明，他们所选择的出色医生，在降低患者死亡率方面跟一般医生的表现差不多，只不过他们善于减少每位患者的治疗费用。

因此，对于病人来说，在急诊室被分配的那位医生的确非常重要，而纵观全局，其他因素就没有那么要紧了，例如你的病情、性别（在急诊室就诊后1年之内，女性的死亡率比男性低很多）和收入水平（贫穷患者比富裕患者的死亡率要高很多）。

这里有个天大的好消息：急匆匆被送到急诊室，自己认为即将死去的大多数患者，实际上基本都存活了下来，至少不会很快死亡。

事实上，如果他们就待在家，不去医院，情况会更好。现在看看洛杉矶、以色列及哥伦比亚发生的一系列波及范围很广的医生罢工事件，其中的数据可以印证上述观点。结果表明，在这些地方的医生罢工期间，患者死亡率显著下降，幅度为 18%~50% 不等！

从一定程度上说，我们或许可以这么解释这个结果：罢工期间，患者推迟了非急需外科手术。克雷格 · 费德读到这类医学文献时，他首先想到的就是这个原因。有一次，当华盛顿特区的很多医生同时去外地参加医学会议时，他有机会观察到了这一现象——患者死亡率全面下降。

“当医生与患者之间的沟通过多时，各种因素都在无形中被放大了。”他说，“病情不足以致命的很多患者开始服用更多药物，采用更多治疗方案，而其中很多药物或方案并没有多大作用，甚至有负面作用。与此同时，真正患有致命疾病的病人却鲜有得到合理治疗的，最终以这种或那种方式死亡。”

想长寿吗？拿个诺贝尔奖吧！

因此，情形可能是这样的：如果你的病情很严重，去医院看病会略微提高你存活下来的概率；但如果病情并不严重，那么去看病就会提高你死亡的概率。生活中很多情形之反常、之不可理喻，由此可见一斑。

与此同时，也有一些方式是可以延长你的寿命的，但这与去医院看病毫无关系。比如，你可以拿个诺贝尔奖回来。一项历时 50 年的调查研究发现，诺贝尔化学奖和物理学奖获得者比那些与奖项失之交臂的提名者活得更长。（好莱坞的名言“能被提名也是莫大荣耀”至此已不再适用。）他们长寿并不是因为领取了不菲的诺贝尔奖奖金。“地位似乎发挥了一种使人健康的神奇魔力。”这项研究的牵头人安德鲁·奥斯瓦尔德（Andrew Oswald）说，“从斯德哥尔摩的领奖台走过去，大约能让科学家的寿命延长两年。”

被选入棒球名人堂也行。类似的一项研究表明，被选入名人堂的运动员比那些以微弱劣势败北的人活得更长。

但是，既没能在科学领域取得卓越的成绩，也没能成为一流的运动员，我们普通人的情形又如何呢？好吧，你可以去买一份养老保险——确保你退休后每年可以领取固定数额的收入，直至你去世。调查结果表明，购买养老保险的群体，比没买的人活得长久，而这并不是因为购买养老保险的人本身就更健康。有证据表明，养老保险提供的涓涓细流般的稳定收入，使这些老人多了那么一点点动机——要努力活得更久一点。

宗教似乎也能发挥作用。对2 800多位老年基督徒和犹太教徒展开的一项研究发现，他们更有可能在各自的重大节日后30天内死亡，而不是在之前的30天内。（有个事实还证实了一个偶然联系：犹太教徒并不介意在基督教节日来临之前的30天内死亡；在很大程度上说，基督教徒也不反感在犹太教节日来临之前的30天内死亡。）与此类似的是，长期以来既是朋友又是对手的托马斯·杰斐逊和约翰·亚当斯，都曾顽强地应对死亡的威胁，见证了具有里程碑意义的大事后，才安然离去。在1826年7月4日，即《独立宣言》的50周年纪念日，他们相继离开人世，仅隔 15 个小时。

将死亡时间仅推迟一天，有时可挽回数百万美元。来看看遗产税——人死后对其应税财产征收的税。近年来，美国的遗产税税率为 45%，200 万美元以内免征。然而，2009 年，起征点飙升至 350 万美元——这意味着，如果拥有万贯家财的父亲或母亲在 2009 年的第一天离世，而不是在 2008 年的最后一天，那么作为财产继承人的孩子也许能抚平失去亲人的痛苦。为了获得更多遗产，不难想象财产继承人会不惜重金给他们的父亲（母亲）提供最好的治疗，至少要让他（她）度过 2008 年的最后一天。事实上，两位澳大利亚学者发现，当澳大利亚于 1979 年废除遗产税时，比例高得惊人的老年人在废除遗产税后的一周内死亡，而不是此前的一周内。

有那么一阵子，美国遗产税看起来会于 2010 年暂时废止一年。（这是华盛顿两党冲突的产物，截至本书写作之时，两党在这个议题上的争吵似乎已告一段落。）如果遗产税果真暂停征收的话，那么拥有 1 亿美元财产、死于 2010 年的父亲或母亲，就能将这 1 亿美元悉数传给其继承人。但是，由于 2011 年又要重新征收遗产税，如果他们的父亲或母亲活到 2011 年离世，那么这些继承人要为此缴纳 4 000 多万美元的遗产税。或许，当争论不休的政客意识到，在 2010 年的最后几周中，他们可能要为多起协助自杀事件而负责时，他们最终会平息因遗产税而引发的争吵。

大多数人都愿意不计代价地延长生命，全球每年在癌症药物上的支出超过 400 亿美元。在美国，癌症药物销售额仅次于心脏病药物，位居第二，而且其增长速度是其他药物的两倍，其中主要是化疗支出。化疗在治疗某些癌症上已证明有良好效果，包括白血病、淋巴瘤、何杰金氏病及睾丸癌，如果这些癌症在早期被诊断出，化疗效果更好。

但在其他很多病例中，化疗效果极差。美国和澳大利亚针对癌症治疗展开的一项全面分析表明，所有癌症患者在患病 5 年之内的存活率大约为 63%，而化疗仅仅提高了 2%的存活率。化疗后明显没有任何效果的癌症可以列出很多，包括多发性骨髓瘤、软组织肉瘤、皮肤黑素瘤、胰腺癌、子宫癌、前列腺癌、膀胱癌和肾癌。

现在看看肺癌的情形。这是目前最普遍的致命癌症，美国每年死于肺癌的人数超过 15 万。常见的非小细胞肺癌的化疗费用超过 4 万美元，但是平均算下来，仅能给患者延长两个月的生命。托马斯 · 史密斯（Thomas Smith）是弗吉尼亚州立联邦大学一位备受尊敬的肿瘤研究专家和临床医师，他分析过治疗转移性乳癌的一种新化疗方法后发现，采用这种方法让患者每多活一年，其花费成本为 36 万美元，当然前提是化疗真的如期发挥疗效。不幸的是，化疗的作用有限：通常情况下，新化疗方法延长患者生命的时间不到两个月。

诸如此类的医疗成本使整个卫生保健系统压力重重，不堪重负。史密斯指出，癌症患者占据联邦医保病例的 20%，却花掉了联邦医保 40%的药物支出预算。

有些肿瘤学家认为，化疗带来的益处并不一定能在患者死亡率上反映出来。 没错，在 10 个接受化疗的患者中，有 9 个都没有产生预期效果，但说不定在第 10 个患者身上就能发生奇迹。然而，鉴于其费用高昂、通常缺乏成效并且有相伴而来的副作用——大约有 30% 的肺癌患者在接受一个化疗疗程后会停止继续治疗，不愿忍受钻心的痛苦——为什么化疗仍被如此广泛地用非治疗手段呢?

可以肯定，牟利的动机是一个原因，毕竟医生也是人，也会受到利益的诱惑。肿瘤专家是收入最高的一类医生，薪水涨幅比其他任何医生都快，而他们过半的收入都来源于实施化疗和销售化疗药物。化疗手段也能帮助肿瘤医生虚报患者的存活率。将肺癌晚期患者的生命再延长两个月，看起来似乎没有多大的价值，但是在医生的眼里，没做化疗之前，患者或许也就仅能存活 4 个月。从数据上看，这可是相当了不起的治疗功效：医生将患者的剩余生命延长了 50%。

托马斯 · 史密斯没有怀疑上述两个原因中的任何一个，不仅如此，他还指出了另外两个。

他说，对于肿瘤医生来说，夸大或者说盲目相信化疗效果是有原因的，化疗是很有诱惑力的治疗手段。“如果你的口号是‘我们将赢得癌症之战’，那么媒体就会大力响应，予以大量报道，于是你会获得慷慨的捐款及国会的拨款。”他说，“如果你的口号是‘癌症仍在折磨我们，但已没有以前糟糕’，这就成为一种不受欢迎的宣传方式了。现实情况是，就大多数实体肿瘤——脑瘤、乳瘤、前列腺瘤及肺瘤——患者而言，他们的处境没有那么糟糕，但我们也没有取得长足的进展。”

还有个事实也得说明一下。再说一次，肿瘤医生也是人。肿瘤医生得将实情告诉患者——他们即将死去，而且令人遗憾的是，医生对此也无能为力。“许多医生觉得，要将坏消息原原本本地告诉患者，告诉他们药物有时毫无作用，这是项非常艰难的任务。”史密斯说。

这项任务对医生而言尚且如此艰难，对于政府官员和保险公司高管而言岂不更是如此？毕竟他们要为化疗的广泛应用提供资金支持。尽管化疗有诸多的缺点，但它似乎发挥了某种作用：给癌症患者带来了生存的希望，即史密斯所谓的“活下去的强烈渴望”。然而，我们可以想象一下未来的某一天，或许是50年后，回顾过去，评述我们在21世纪初叶所具备的“尖端”癌症治疗手段：我们给患者提供的到底是什么治疗方案？

半个世纪以来，癌症死亡率大体没变，即每10万人中大约有200人死亡。这还是在30多年前尼克松总统提出“向癌症开战”后的比例，此后癌症治疗资金大幅增长，公众防癌意识逐渐增强。

不论你是否相信，这个稳定的死亡率事实上隐藏了某些好消息。在同期，心血管疾病死亡率大幅下降，从每10万人中大约有600人死亡，下降到300人以下。这意味着什么呢？

对于前几代人而言，本可能死于心脏病的很多人活得更久，结果死于癌症。更确切地说，在新近诊断出的肺癌患者中，大约90%都在55岁以上（包括55岁），其中值年龄为71岁。

稳定的癌症死亡率还让另一个积极的趋势显得模糊不清。对于

20 岁以下（包括 20 岁）的年轻人而言，死亡率已下降了超过 50% 的幅度，20—40 岁的人的癌症死亡率则下降了 20%。这些成果是真实存在的，也是令人振奋的——而这两组人群的癌症发病率却一直在上升，鉴于此，上述成果就更显不易了。（癌症发病率上升的原因目前还不清楚，但饮食、生活方式及环境因素可能无法推脱责任。）

40 岁以下死于癌症的人越来越少，而战争则让更多的年轻人丧命，不是吗？

2002—2008 年，美国一直在阿富汗和伊拉克征战，现役军人年均死亡人数为 1 643 人。而 20 世纪 80 年代初期的同样时间段内，美国并没有发动大规模战争，现役军人年均死亡人数却超过 2 100 人。怎么会这样呢？

首先，那时军队规模比现在大得多：1988 年现役军人为 210 万，2008 年为 140 万。其次，2008 年现役军人的死亡率，甚至比一些和平年份的军人死亡率更低，更高的医疗水平可能是军人死亡率下降的一个原因。但有个事实让人备感意外：20 世纪 80 年代初期美国士兵的意外身亡率，比阿富汗和伊拉克战争中的军人死亡率还高。这似乎说明，训练与真正打仗的危险一样大。

此外，为了看得更透彻，我们不妨考虑以下这个事实：自 1982 年以来，美国大约有 42 000 名军人在服役期死亡，大致相当于一年中美国死于交通事故的总人数。

恐怖分子的银行账户有什么特点？

如果有人一天吸两包烟，抽了30年，最后死于肺气肿，那么至少你可以这样说，他是咎由自取，不过终其一生一定很享受吸烟的乐趣吧。

对于恐怖袭击受害者，这种安慰就不适用了。你遭遇的不仅仅是意外横死，而且毫无缘由。你是附带的牺牲品；把你杀死的人，既不认识你，也毫不在乎你的生活、你取得的成就和你爱的人。说到底，把你杀死，只是恐怖分子的一种手段而已。

事实上，恐怖分子可选择的袭击手段和对象太多，所以恐怖主义活动可谓防不胜防，这更让人灰心丧气。在列车上安置炸弹，开飞机撞击摩天大楼，用邮件寄送炭疽病毒。美国发生“9 · 11”恐怖袭击、英国发生“7 · 7”爆炸案后，两国都把大量的资源部署到反恐领域，用于保护价值最高的目标，可是反恐行动有时是徒劳、见不到成效的。所以，你真正应该做的是不用将恐怖分子可能袭击的目标通通保护起来，而是在恐怖袭击发生前弄清恐怖分子的身份，将他们提前投进监牢。

这里有个好消息：恐怖分子并不多。如果考虑一下实施恐怖袭击相对容易以及此类袭击相对罕见的事实，你自然会得出这种结论。自“9 · 11”恐怖袭击以来，美国本土几乎就没发生过任何恐怖袭击事件；在英国活动的恐怖分子很有可能相对来说更多，但仍然极为罕见。

也有个坏消息：正因为恐怖分子极为罕见，所以想在恐怖袭击发生前将他们找出来也很困难。传统反恐行动主要有三种方式：搜集情报（难度高，危险大）、监听电子通信（几乎无迹可寻）以及追踪跨国资金走向（鉴于每年经由全球银行快速流转的资金数以万亿美元计，这显然无异于大海捞针）。“9 · 11”恐怖袭击背后的那 19 个人，筹集的用于该次袭击的全部资金为 303 671.62 美元，平摊在每个人头上，还不足 16 000 美元。

或许，还有第四种策略可用来找到恐怖分子？

伊恩 · 霍斯利（Ian Horsley）①认为第四种策略是可能的。他不在执法部门工作，不是政府官员，也不是来自军方，而且他的背景或行为举止也没有表明他有哪怕那么一点儿英雄豪杰的气质。他在英格兰中部地区长大，父亲是位电器工程师。如今，霍斯利已步入中年，在一个远离伦敦喧嚣的世外桃源过着开心的生活。他性情和蔼，不苟言笑，算不上外向；用他自己的话来讲，他是“非常普通，别人见后就忘的那种人”。

在成长过程中，他曾想过，或许自己可以做一名会计。当女朋友的父亲帮他找了一份银行出纳员的工作时，他就离开了学校。在为银行效力期间，有机会出现时他也会把握住，坐上新岗位，但没有一个是他特别感兴趣的，或者说没一个岗位的收入是丰厚的。他最终发现计算机编程工作很有意思，因为这份工作可以让他“深入了解那家银

① 伊恩 · 霍斯利为化名，不过本文所有相关内容均是真实的。

行运行所依赖的基础数据库”。

事实表明，霍斯利工作勤奋，热衷于研究人类行为，能辨是非，正义感强。最终，银行安排他追查银行员工的欺诈行为，因为成绩斐然，后来又负责研究消费者诈骗行为（对这家银行构成更大的威胁）。英国每年因此类诈骗而损失的资金大约为15亿美元。近年来，两种情形使诈骗活动更为泛滥：网上银行业务增多以及银行间为了迅速抢占客户而激烈竞争。

有那么一段时间，资金成本如此低，信贷如此宽松，以至于不论就业、国籍、信誉程度如何，只要走进一家英国银行的人的心脏还在跳动，都可以轻易开立一张银行借记卡。（事实上，甚至死活都不足以成为问题：诈骗犯也很乐意使用死人和虚构人的身份。）霍斯利了解不同客户群体的情况。西非移民是支票伪造高手，而东欧人则是最出色的个人身份信息窃贼。这类诈骗犯十分执着，创意非凡：他们会追踪至一家银行的呼叫中心，在外面徘徊直到员工出来，进而展开贿赂，套取客户信息。

霍斯利组建了一个数据分析和特征筛选团队，编写能够搜索银行数据库以识别诈骗行为的计算机程序。这些程序员干得不错。然而，诈骗犯也不差，而且反应迅速，一旦以前的诈骗方法被识破，便立即搞出新花样。如此三番五次地较量之后，霍斯利的思维更敏锐，对诈骗犯的思维方式把握得更深刻。即使在梦中，他仍然想着银行数以亿计的数据，苦苦寻找那些可能间接反映违法行为的群体特征。他的算法也越来越缜密。

大约就在这个时候，我们有幸见到了伊恩·霍斯利，于是我们与他一起开始思考这个问题：如果他的算法能够筛选浩瀚繁复的银行数据，找出诈骗犯，那么同样使用这一算法，能否巧妙地识别出其他坏人，例如潜在的恐怖分子呢？

“9·11”恐怖袭击后的数据分析表明，这种预感具有一定的合理性。那19名恐怖分子的银行业务反映出了他们的某些行为方式，总体而论，与银行一般客户的行为特征有着显著差别：

他们的美元账户上存有现金或现金等价物，平均数额大致为4 000美元，通常是在一家大型知名银行的分行开立账户。

他们通常以邮政信箱作为联系地址，地址变化频繁。

其中有些人经常给其他国家电汇，也经常收到来自其他国家的电汇，但电汇数额通常较小，不足以引起银行的注意而予以上报。

他们往往一次性存入大量现金，随后经常取出小额现金。

他们的银行业务没有反映出正常的生活费用。例如，租金、公用事业费用、汽车还款、保险费等等。

每月存钱或取款的时间没有明显的规律可言。

不用储蓄账户或保险箱业务。

支取现金比使用支票的比例明显高出很多。

毫无疑问，事发后总结恐怖分子的银行业务特点，要比事发前弄清楚恐怖分子的银行业务特点容易。而且，这19个人——生活在美国、接受如何劫持航班训练的外国人——的行为特征，不一定就与其他恐怖分子（例如土生土长的伦敦自杀式人体炸弹）的行为特征一致。

此外，我们过去用数据识别违规欺诈行为（例如我们在《魔鬼经济学》中谈到的小学教师舞弊、相扑运动员的欺骗行为）所选取的目标群体中，舞弊、欺诈的比例相对较高。但在本例中，涉及的目标群体规模庞大（仅霍斯利工作的这一家银行就有数百万的客户），而潜在恐怖分子的数量却少之又少。

我们假定，或许你能够开发出一种算法，准确率高达 99%，同时假定英国有 500 个恐怖分子，那么这种算法可以准确地识别出 495 名恐怖分子（即 99%）。然而，在英国，大约有 5 000 万成年人与恐怖主义扯不上任何关系，而且那种算法也会错误识别 1%的群体，也就是 50 万人。最后，这个准确率为 99%的了不起的算法，会弄出太多“假阳性”结果——当 50 万名无辜的英国人因涉嫌从事恐怖活动被安全部门强行带走时，他们完全有理由义愤填膺。

当然，安全部门也没法应对如此庞大的工作量。

卫生保健领域同样存在这个问题。对近期进行的一次癌症筛查结果的分析表明，68 000 位参加者在进行 14 次检测后，有 50%的人至少会得到一次假阳性检测结果。卫生保健的大力倡导者可能会强烈要求医院全面筛查各类疾病，但现实情况是，如果真的实施，医院就会充斥大量的假阳性患者，而真正的病人将被挤出医院。棒球运动员迈克·洛厄尔（Mike Lowell）——“世界职业棒球大赛最有价值球员”上榜球员，在谈及检测联赛中每位球员的激素水平的计划时，指出了一个相关的问题。“如果检测结果的准确率高达 99%，这就意味着会产生 7 个假阳性球员。”洛厄尔说，“如果这些假阳性球员中的一个就是卡尔·瑞普肯

（Cal Ripken），怎么办？这会给他的职业生涯涂上污点吗？”

与此类似的是，如果你想要缉拿恐怖分子，那么99%的准确率离令人满意的标准还相差甚远。

如何判断谁是恐怖分子？

2005年7月7日，四个穆斯林自杀式人体炸弹袭击伦敦，一个在拥挤不堪的公交车上爆炸，三个在伦敦地铁里引爆，总共夺去52条人命。“就我个人而言，此番袭击让我悲痛至极。”霍斯利回忆说，“当时，我们才刚开始实施识别恐怖分子的项目，事发后，我就在想，如果早几年就启动这个项目，我们能阻止这次袭击吗？”

“7 · 7”爆炸案中的自杀式人体炸弹留下了一些银行数据，但不是很多。然而，在接下来的几个月中，大批形迹可疑的人被英国警方逮捕——这为我们开展恐怖分子识别项目帮了一个大忙。无可否认，没有一个人是被证实的恐怖分子，其中大多数人根本就不会以任何罪名被定罪。但是，既然他们与恐怖分子的特征如此吻合，并因此遭到抓捕，那么或许我们可以利用他们的银行业务习惯创建一个实用的算法。碰巧的是，其中有100多名恐怖主义嫌疑人就是霍斯利工作的银行的客户。

这个程序要分两步走。首先，汇总这100多名嫌疑人的所有可用资料，然后根据他们不同于其他普通人的行为特征，创建一个算法。一旦算法得到最佳调整，就可以用来从这家银行的数据库挖掘信息，识别出隐藏的罪犯。

鉴于英国正在打击伊斯兰宗教激进分子，不再针对爱尔兰游击队，所以被捕的嫌疑人中一定有人用穆斯林姓名的。后来证明，穆斯林姓名是这种算法中最明显的人口统计特征。如果一个人既没有穆斯林姓，也没有穆斯林名，那么这个人是恐怖主义嫌疑人的概率仅有五十万分之一。如果仅有穆斯林姓或穆斯林名，那么其概率为三万分之一。然而，如果既有穆斯林姓又有穆斯林名，那么其概率大幅上升为两千分之一。

潜在的恐怖分子绝大多数都是男性，而且年龄多在26—35岁。此外，他们极有可能：

- 拥有移动电话
- 是学生
- 租房，没买房

仅凭这些特征，几乎不能作为逮捕他们的理由。（这些特征描述几乎与我们的许多研究助理的行为特征都吻合，但我们十分肯定他们中没一个是恐怖分子。）但当我们把这些特征与穆斯林姓名放在一起时，那么即使这些特征再普通，也会提高上述算法的威力。

一旦考虑了上述因素，其他几个特征就无关紧要，不能用以识别恐怖分子。这几个特征包括：

- 就业状况
- 婚姻状况
- 住所距清真寺很近

住所毗邻清真寺、没有工作、单身的 26 岁男性是恐怖分子的概率，绝不会比住所距离清真寺 5 英里、有工作、已婚的 26 岁男性是恐怖分子的概率更高。这与一般看法竟然是截然相反的。

还有一些反面特征格外突出。数据表明，潜在的恐怖分子尤其不太可能：

- 开立储蓄账户
- 在星期五下午从自动取款机上取钱
- 投保人身险

穆斯林在每周五的下午要参加集体祷告仪式，因此周五不从自动取款机上取钱似乎是自然的。人身险这一特征则更有趣一些。假定你 26 岁，已婚，有两个孩子，那么从很大程度上说，投保人身险合情合理——万一你“英年早逝”，那么你的家人还能靠保险补偿金维持生计。然而，如果投保人自杀致死，那么保险公司是不会为此支付补偿金的。因此，一个想到某天可能会把自己炸上天的 26 岁的家庭户主，很可能不会把钱浪费在人身险上。

所有这些因素都间接表明，如果一个正在成长的恐怖分子希望掩盖自己的可疑形迹，那么他应该去开户银行，把自己账户的姓名改掉，要一点都不像穆斯林姓名的那种（伊恩，或许吧）。而且，买几份人身险也不是坏事。霍斯利工作的那家银行就提供几种人身险，每月缴不了几个钱。

计算一下谁是恐怖分子

所有这些特征综合在一起，就很能说明问题——可借此创建一个理想的算法，对这家银行的整个客户数据库层层筛查，最终锁定数量相对较少的潜在恐怖分子群体。

这是一张很严密的网，但还可以拉得更紧。最终使这个算法表现出色的是最后一个特征，它赋予这个算法无与伦比的威力。基于国家安全的考虑，该银行要求我们不要公开该特征，我们就称之为X变量吧。

是什么使X变量如此特别呢？首先，它是一个行为特征，不是人口统计特征。各地反恐部门梦寐以求的是，能在某天变为一只苍蝇，趴在恐怖分子房间的墙上。如今，对算法略作调整（但意义重大）之后，X变量就让反恐部门的梦想成真了。与这种算法中其他许多特征不同的是，X变量测算的是客户群某种特定的银行业务活动的频率。普通人也会存在这种行为（并不罕见），只是频率较低；但是，在具备恐怖分子其他特征的群体中，出现这种行为的频率要高得多。

正是这个特征赋予了上述算法巨大的预测威力。用这个算法分析覆盖数百万银行客户资料的数据库，霍斯利能生成一个包括嫌疑极大的30个用户的名单。根据他较为保守的估计，在这30个嫌疑人名单中，至少有5人肯定参与了恐怖主义活动。从30个人中找出5个，还并不完美——因为这种算法漏掉了很多恐怖分子，而且错误地识别了不少无辜者——但是，这绝对要比从500 495个人中确定495个人的情况好多了。

截至本书写作之时，这份30人名单已被霍斯利传给上司，随后又被其上司递交给相关部门。霍斯利的工作已经完成，现在该他们出场了。考虑到这个问题的性质，霍斯利可能永远无从肯定地得知，他是否做得够好。而且读者朋友也就更不太可能看到他成功与否的直接证据，因为这是不可见的，是只能在并没有发生的恐怖主义袭击中验证的。

然而，或许在不久后的某一天，当你坐在英国的一家酒吧里，不经意地发现离自己近在咫尺的地方，坐着一个陌生人，平和朴实，沉默寡言。你和他喝了一杯，又喝了一杯，随后又喝了第三杯。这时，他开始说上几句了，几乎是局促不安地提到，最近他被授予了爵位，现在叫伊恩·霍斯利爵士。他不能随意谈及与他受封爵位有关的事迹，只能告诉你，这与防止公民社会免遭坏人破坏有关。听到他为社会做出巨大贡献，你为了深表感谢，又请他喝了一杯，随后又是几杯。最终，酒吧打烊关门，你们两人东倒西歪地晃出大门。之后，在他正要朝光线暗淡的小巷中走去的时候，你突然想到了一个微不足道的方式，可略微报答他所做的贡献。于是，你把他又拉了回来，招呼了一辆出租车，把他塞进车里。因为，请记住，朋友不会让朋友醉酒后步行。

SUPERFREAKONOMICS

第三章

难以置信：犯罪率升高是因为电视看多了?

人类的表现并没有想象的那样崇高，但也没有那么邪恶。

1964年3月，一个周四的深夜，天气寒冷而潮湿，纽约市发生了一件骇人听闻的事——一件暗示着人类是游走于这个星球的最冷血自私的动物的恐怖事件。

28岁的基蒂·吉诺维斯下班后开车回家，像往常一样，将车停在长岛火车站停车场。她住在皇后区秋园，距离曼哈顿大约20分钟的火车车程。这是一个宜人的住宅区，绿树成荫，错落有致的家庭住宅，几幢公寓楼，还有一个小型商业区。

吉诺维斯居住的公寓一层是商店，商店前面是奥斯丁大街。她所住的公寓楼门在后面。下车后，她刚锁上汽车，突然之间，一个男人迅速走近她，朝她的后背捅了一刀，接着就是吉诺维斯的惨叫。袭击发生在奥斯丁大街的人行道上，对面是一幢10层的公寓楼，名为莫布雷公寓。

那个名叫温斯顿·莫斯利（Winston Moseley）的袭击者，返回他的车中，那辆车停在攻击现场60码外的人行道上，一辆白色的雪佛兰Corvair。然后他挂倒挡，将车沿街区向后倒，消失在人们的视野中。

与此同时，吉诺维斯挣扎着站起来，向她住的公寓楼后面走去。但是莫斯利很快又返回来，接着对她实施强奸，随后又捅了一刀，任其死去。然后，他返回车中，开车回家。与吉诺维斯一样，他也很年轻，29岁，也住在皇后区。他的妻子是一名护士，他们育有两个孩子。回家途中，莫斯利注意到前面的一辆车停在红灯前，司机趴在方向盘上睡着了。于是，莫斯利下车走过去，叫醒那个男人。莫斯利没有伤害他，也没有实施抢劫。第二天早晨，莫斯利照常上班。

没过多久，这起犯罪事件便臭名远扬。这倒不是因为莫斯利是个变态狂——表面上看是个普通的顾家男人，没有任何犯罪记录，但后来证明他有令人发指的千奇百怪的性暴力史；也不是因为吉诺维斯本身的复杂背景：酒类专卖店的经理，女同性恋者，以前因赌博被抓过；更不是因为吉诺维斯是白人，而莫斯利是黑人。

基蒂·吉诺维斯被害一案之所以臭名昭著，源于《纽约时报》头版上所刊发的一篇文章。文章开头是这样写的：

> 在半个多小时内，皇后区38位遵纪守法、人格高尚的居民，眼睁睁地看着一个杀手尾随并用刀子捅死一个女人，共袭击了三次，都在秋园内……整个袭击过程中，没有一个人打电

话报警；被袭击的女人死后，才有个目击者报案。

凶杀过程从头到尾大约持续了35分钟。“如果在他首次实施攻击时，有人报警，”一位警察分局局长说，“或许那个女人现在还活着。”

凶杀发生后的第二天上午，当地警察询问了吉诺维斯的邻居，随后《时代周刊》的记者采访了一些邻居。当被问及为什么不阻止或至少打电话报警时，他们给出了各种各样的借口：

“我们当时认为那是情侣在吵架。”

“我们走到窗户边看发生了什么事，但因为卧室灯光很暗，很难看清那条街上的情形。”

“我当时很累，随后就睡了。”

那篇报道并不长，也就1 400字，却立即引起了轰动。大家似乎一致认为，秋园那38位目击者的冷血表现，代表了人类文明的新低。政治家、神学家及报社评论员严厉谴责了那些人无动于衷的冷漠行为。有些人甚至要求将那些邻居的住址予以公布，以便伸张正义。

此次事件震惊了美国上下，结果，在后来的20年中，以旁观者冷漠现象为课题进行的学术研究甚至比对那次凶杀事件本身的研究更多。

在该事件30周年纪念日时，比尔·克林顿总统访问了纽约市，谈及这起罪行时说：“该案给我们发出了一个令人不寒而栗的信号，让我们了解了当时社会的真实情况，即我们每个人不仅危险重重，而且从根本上说还是孤立无援的。”

30多年后，这幕惨剧为马尔科姆·格拉德威尔所用，成为他探讨社会行为的开创性著作《引爆点》（*The Tipping Point*）①的案例："旁观者效应"（bystander effect），即悲剧事发时如果有多个目击者，反而会导致他们无动于衷。

今天，40多年以后，基蒂案已成为10种最畅销的社会心理学本科教材的经典案例。有一部教材是这样描述那些目击者的："在窗边屏住呼吸，着迷地看着那位攻击者实施、完成那令人毛骨悚然的暴行，其间，攻击者分别实施了三次袭击，历时30分钟。"

38个人无动于衷，眼睁睁地看着邻居遭受凌辱和暴力攻击，究竟为什么会这样？没错，经济学家常讲我们人类是多么自私，但是以这种方式来表现自私，事实上是在藐视常理，不是吗？我们人类的冷漠真有如此根深蒂固吗？

犯罪率升高是因为电视看多了？

吉诺维斯被害案件就发生在肯尼迪总统被刺几个月之后，这似乎标志着某种社会灾难的来临。在全美所有城市中，犯罪率开始急剧上升，而且似乎无法阻止。

数十年来，美国暴力和财产犯罪率一直相对较低，表现出稳定的趋势。但在20世纪50年代中期，犯罪率开始上升。到1960年，犯

① 《引爆点》一书简体中文版已由中信出版社出版。——译者注

罪率已比 1950 年高 50%；到 1970 年，已是 1950 年的 4 倍。

为什么？

难说。20 世纪 60 年代，美国社会发生了众多如此巨大的变化——人口爆炸性增长，反政府主义思潮逐渐兴起，民权运动如火如荼，大众文化经历深刻变革，因此，难以弄清导致犯罪活动猖獗的原因。

比如，设想一下，你现在希望弄清把更多人投进监狱是否真的会降低犯罪率。这个问题的答案并不像表面看上去那么简单。或许，投入抓捕和监禁罪犯的资源，本可以得到更有效的利用。或许，每当一个恶贯满盈的坏蛋被逮捕时，另一个罪犯便会取而代之。

如果你希望给出的答案能经受某种科学方法的验证，那么你真正想要的就是做一次实验。假定你可以随机选择一组样本州，有权令每个州释放 1 万名囚犯。与此同时，假定你也可以随机选择另一组样本州，指示他们将 1 万个罪犯（或许是那些非重罪的犯人，因为按一般情况，他们是不会被投入监牢的）关进监狱。现在要做的就是静静地等上几年，随后评估这两组样本州的犯罪率。多了不起的方法！你刚完成的实验，可是一种随机控制实验：让你确定诸多变量之间关系的实验。

令人遗憾的是，这些被随机选中的样本州的州长，十之八九不会对这样的实验有什么兴趣。在某些样本州中被关进监狱的那些人，以及其他样本州被释放的囚犯的邻居，也不会接受你做这样的实验。因此，实际上你开展这种实验的概率为零。

这就是研究人员通常要依赖人所共知的自然实验（模仿你希望做但基于各种原因无法实施的实验）的原因所在。在本例中，你所希望做的是大幅改变不同样本州的囚犯人数，而做此番改变的原因与所涉样本州的犯罪数量并没有任何关系。

可喜的是，美国公民自由联盟（ACLU）的工作相当出色，正好可以开展这样的实验。最近几十年来，为抗议监狱内人满为患的现状，美国公民自由联盟将为数众多的州告上了法庭。无可否认，他们针对的州说不上是随机的选择。只要哪个州的监狱人满为患，而且他们赢得诉讼的概率最大，他们就把矛头对准谁。但是遭到美国公民自由联盟起诉的州，其犯罪趋势似乎与其他没遭起诉的州的犯罪趋势非常相似。

美国公民自由联盟几乎赢得了所有此类诉讼，法院判定败诉各州释放一定数量的囚犯，以缓解监狱人满为患的现状。在此类判决做出后的三年内，败诉州的监狱囚犯人数与美国其他州相比下降了 15%。

这些获释的囚犯都干什么去了呢——从事为数众多的犯罪活动。在美国公民自由联盟赢得诉讼的三年内，败诉各州的暴力犯罪上升了 10%，财产犯罪上升了 5%。

因此，还要再费些周折才能找出真正原因。我们可以采用类似自然实验的间接方法，帮助我们回顾 20 世纪 60 年代犯罪率飙升的情况，进而找出一些合理的解释。

刑事司法系统本身就是一大原因。20 世纪 60 年代，犯罪嫌疑人逮捕率大幅下降，财产犯罪和暴力犯罪嫌疑人逮捕率情形相似。不仅警局抓捕的罪犯数量比以前少，法庭将这些罪犯判刑坐牢的概率也比以前小了。1970 年，罪犯在铁窗下服刑的时间大幅缩短，与 10 年前犯同样的罪行入狱的罪犯相比，其服刑时间可能会少 60%（令人震惊）。而 20 世纪 60 年代刑罚力度的减轻，使得犯罪活动大约增多了 30%。

“二战”后的婴儿潮是另一个原因。1960—1980 年，年龄在 15—24 岁的美国人口比例几乎上升了 40%，这个年龄阶段内剧增的人口是最容易卷入犯罪活动的。然而，即使人口比例变化的幅度再大，也只能解释大约 10% 左右的犯罪增幅。

因此，婴儿潮与罪犯服刑率的下降两个因素加在一起，也只解释了不到当时一半的犯罪活动增幅。虽然为数众多的假说也相继问世，包括非裔美国人从南方农村大量向北方城市迁移、伤痕累累的越战退伍军人回归社会，但通盘考虑所有因素后，我们仍然无法合理解释当时的犯罪激增现象。几十年后，许多犯罪学学者仍然困惑不已。

答案或许就正好在你的眼前，其实就是电视。或许，比弗 · 克利弗（Beaver Cleaver）及其画面完美的电视节目受到了时代变革的连累（其主演的影片《天才小麻烦》于 1963 年被停播，也就是肯尼迪被刺的那一年），但或许，这些电视节目就是问题的症结所在。

长久以来，人们一直先入为主地认为，暴力类电视节目可诱发人们的暴力行为，但这种观点没有得到数据的验证。我们在此提出的见解截然不同。我们认为，在观看大量电视节目（即便是适合家庭的毫无害处的节目）的环境中长大的孩子，在他们成长的过程中从事犯罪活动的概率更大。

验证这个结论并不容易。你根本就没法随机选取一组看了很多电视节目的孩子，拿来与那些没有看大量电视节目的孩子进行比较。除了各自喜欢看的节目不同外，对电视着迷的一组孩子肯定与另一组较少看电视的孩子在很多方面都不同。

更可靠的策略或许是，对较早就能看上电视的城市与那些很晚才能看上电视的城市进行比较。

此前我们曾谈及，有线电视在不同的时期逐渐进入印度不同地区的家庭，这里就存在一个时间先后问题，也正缘于此，我们也才有机会评估电视对印度农村女性产生的影响。电视刚刚在美国普及时很不顺利，这主要是因为其间中断了4年——1948—1952年，美国联邦通信委员会宣布暂停增加新的信号站，以便统一调整电视信号。

美国有些地方，早在20世纪40年代中期就开始接收电视信号，而其他地方则直到10年后才有电视。事实证明，较早看上电视的城市，其犯罪趋势与晚些时候才有电视的城市的犯罪趋势截然不同。在电视普及之前，这两组城市的暴力犯罪比例不相上下。然而，到1970年时，较早看上电视的城市，其暴力犯罪比例是晚些时候看上电视的城市的两倍。较早有电视信号的城市，在20世纪40年代的财产犯罪比例，比晚些时候看上电视的城市低，但后来其财产犯罪比例比后者高出很多。

当然，早期看上电视的城市与晚期看上电视的城市之间，可能存在其他差异。为了排除这种差异可能对我们的研究造成的影响，我们可以选择对同一个城市、年龄不同（例如分别出生于 1950 年和 1955 年）的孩子进行比较。因此，在 1954 年看上电视的城市里，我们是对小孩出生后前 4 年中没有电视看的年龄段，与出生后 4 年都有电视看的年龄段进行比较。鉴于电视先后普及的事实，在不同城市中，看着电视长大和小时候没看过电视的人的年龄的两组人，界线具有明显差异。这就有助于我们做出特定的预测，即哪个城市的犯罪率比其他城市上升得更早，以及哪个年龄段的犯罪分子在作案。

因此，电视的普及对特定城市的犯罪率产生了明显的影响，是这样吗？

答案是肯定的，确实如此。我们发现，在样本小孩成长的头 15 年里，他们在电视节目环境中每多度过一年，在他们长大踏入社会时，财产犯罪事件就会增多 4%，暴力犯罪事件增多 2%。根据我们的分析，20 世纪 60 年代电视节目对犯罪活动产生的总效应为：导致财产犯罪事件增多 50%，暴力犯罪事件增多 25%。

为什么电视会产生如此大的影响呢？

我们的数据没能给出确切的答案。如果孩子在 4 岁之前过多地看电视节目，那么他们所受到的影响最大。然而，由于大多数 4 岁孩童观看的并不是暴力类电视节目，所以很难得出节目内容是罪魁祸首的结论。

或许，花大量时间看电视的孩子，从来就不知道如何与人相处，或从来就没学会自娱自乐。或许，那些出身贫穷的孩子看了电视节目后，也希望拥有有钱人的东西，即便是偷抢也在所不惜。或许，也可能与小孩看电视毫无关系；或许，当小孩父母发现看电视比照顾小孩要有趣得多时，就懒得去管孩子了。

或许，早期的电视节目在一定程度上助长了犯罪活动。《安迪·格里菲思》连续剧于1960年推出，随后大获成功。这个节目的主角是一位不配枪的治安警官及其反应迟钝的副手。或许，那些潜在的犯罪分子看到电视中这对搭档的表现后认定，警察根本就不值得他们害怕，是这样吗？

为什么有的人总是乐善好施？

在这个社会中，我们已逐渐认同这样的观点：有些坏蛋总是要违法犯罪。但这仍然没有解释基蒂·吉诺维斯那些心地善良的邻居当时为什么不帮她。我们所有人几乎每天都能发现利他主义的各种行为。（甚至我们自己也都乐善好施。）可是，在皇后区的那天晚上，为什么就没有一个人展示利他主义呢？

这样的问题似乎属于经济学领域中要探讨的议题。没错，流动性危机、石油价格甚至债务担保凭证，都属于经济学范畴，但像利他主义这样的社会行为就要另当别论？经济学家真的是这样认为的吗？

过去数百年来，答案一直都是“这不属于经济学范畴”。但在吉诺维斯被害的时代，有那么几个非主流经济学家独辟蹊径，开始饶有兴致地关注起这类问题来。这其中最重要的人物，当推加里·贝克尔，前面我们提到过他。不满足于仅仅评估人们的经济选择行为，贝克尔还想方设法要将人们做出此类选择时的情绪也列为分析对象。

贝克尔开展的某些最有说服力的实验，就涉及利他主义研究。比如，他认为，同一个人，做生意时可能自私至极，但对熟人却可能慷慨大方，乐善好施。十分重要的一点是（贝克尔也是一位经济学家，不要忘了），他还这样预测过，即使在家庭成员之间，利他主义也会具有功利性。多年以后，经济学家道格·波恩海姆（Doug Bernheim）、安德烈·施莱弗（Andrei Shleifer）及拉里·萨默斯（Larry Summers）用实证法证明了贝克尔的观点。通过美国在多年里调查出来的人口数据，他们得出了一个结论：已成家立业的孩子如果希望获得一笔不菲的遗产，更有可能回家看望退休的年迈父母。

等等，你的意思是说，富裕家庭的孩子可能会更悉心地照顾他们年迈的父母？

在上述情况下，你自然会认为富裕家庭的独生子女尤其会孝敬父母，但是我们的数据并没有表明，富裕家庭独生子女回家探望父母的次数更多；事实上，至少要有两个孩子才能达到那种效果。这也间接说明，探望父母次数之所以增多，是因为家中子女意在遗产。看上去似乎是家庭成员之间传统的关切、照顾之情，严格说来，或许这是一种预付的遗产税。

有些政府深知此中牵涉的诸多因素，甚至从法律上要求孩子探望或赡养年迈的父母。在新加坡，这种法律被称为《赡养父母法》（*Maintenance of Parents Act*）。

然而，人们似乎还是极为乐善好施的，而且不仅仅限于他们自己家庭成员内部。众所周知，美国人尤其慷慨大方，每年给慈善机构大约捐赠 3 000 亿美元，这可相当于美国国内生产总值的 2%。只要回想一下上次夺去大量生命的飓风或地震，想想那些乐善好施的好人是如何踊跃地向灾区捐款，如何献出自己宝贵的时间的。

这是为什么呢?

传统经济学家认为，一般人会权衡自己的利益得失后做出理性的决定。在这种情况下，理性经济人为什么会将他辛苦挣来的钱捐赠给他人呢？他不认识这个人，就连他所在的地方的名字也不会念，仅仅就因为能借此感受到一阵温暖而又捉摸不定的幸福感?

基于加里 · 贝克尔的研究，新一代的经济学家认为，现在是时候去理解更广泛的利他主义了。怎样做？我们怎样才能知道某个行为是乐善好施之举，还是为自己谋利益呢？如果你帮邻居重建仓库，这是因为你乐于助人，还是因为你知道自己的仓库某天也可能遭遇大火而毁掉？当某人给自己的母校捐款数百万美元时，这是因为他十分重视教育事业，还是因为该校的橄榄球场将会以他的名字命名?

要将现实世界中此类问题悉数弄清是极难的。诚然，观察个体行为（在基蒂 · 吉诺维斯被害案中，确切地说是“无为”）比较容易，但要深入理解行为背后的意图则要难得多。

是否可以采用自然实验，例如美国公民自由联盟有关监狱的案例，对利他主义进行评估？比如，你可能会认为，可就一系列灾情进行比较，以捐赠的多寡予以衡量。但是，由于变量太多，所以很难从每个事件中都挖掘出利他主义因素。中国所遭受的汶川大地震，与非洲严酷的旱灾不是一码事儿，而非洲的旱灾与横扫美国新奥尔良的飓风灾难又各有不同。每种灾难都会要求人们做出相应的反应，而且同样重要的是灾区捐赠情形也受到媒体报道的很大影响。近期开展的一项学术研究发现，媒体每刊出一篇700字的报道，灾区所收到的慈善援助就会激增18%；电视每做一次60秒的报道，捐赠就会激增13%。（负责为第三世界国家发生的灾难募集捐款的任何人，最好希望不可避免的灾难发生在新闻不多的某天。）而且此类灾难从根本上说是异常的事件——尤其是大肆炒作的那些事件，例如鲨鱼袭击，因此十之八九不会对我们理解利他主义带来启示。

最后，这群异类经济学家采用了一种与众不同的方法：既然很难对现实世界中的利他主义进行评估，那么为什么不把现实世界中固有的复杂因素通通剥离，将这个问题带进实验室呢？

人类天生具有利他主义的本性？

毫无疑问，自从伽利略将一个铜球沿着一定长度的直木板槽滚下，以此验证重力加速度以来，实验室实验一直是物理学的重要支柱。伽利略认为——后来被证明是正确的——像他设计的这样一个小装置，可以让人们更好地认识大世界：地球力量、宇宙秩序和人类生命本身的演变方式。

三个多世纪后，物理学家理查德·费曼重申了上述观点的重要性。“验证所有学问的方法就是实验，”他说，“实验是检验科学真理的唯一标准。”生活中用的电，你每天吞下的胆固醇药物，你读到和听到的这些文字的载体——纸张、屏幕、扬声器，通通是历经大量实验后的产物。

然而，一直以来，经济学家却没有像物理学家那样依靠实验。他们长期以来关心的大多数问题——例如，税收增加的效应或通货膨胀的原因——是难以通过实验来解释的。但是，如果通过实验可以揭开诸多的宇宙之谜，那么实验也可能帮助我们弄清楚诸如利他主义等问题。

这种新的实验通常以博弈的方式进行，由大学教授主持，他们的学生参与完成。20 世纪 50 年代，旷世奇才约翰 · 纳什（John Nash）和其他经济学家广泛地开展了囚徒困境实验，这就是后来被逐渐视为战略合作标准实验的博弈。（设计这个实验的目的在于，深入洞察美苏核均衡问题。）

20 世纪 80 年代早期，囚徒困境实验直接推动了最后通牒博弈的产生。游戏规则是这样的：两位局中人，均匿名，都有一次机会将一笔钱分掉。给局中人 A（安妮卡）20 美元，叫她把钱与局中人 B（泽尔达）分掉，可给她分 20 美元以内任何数目。泽尔达必须决定是接受还是拒绝安妮卡的分钱提议。如果泽尔达接受，那么她们俩就按安妮卡的提议分钱；但是，如果泽尔达拒绝，她们俩就都两手空空回家。两位局中人都很熟悉这个博弈游戏的玩法。

对经济学家而言，博弈策略非常明显。哪怕是 1 分钱也比没有好，那么泽尔达接受低至 1 分钱的分钱提议也合情合理。因此，安妮卡提出仅给对方 1 分钱，自己留 19.99 美元，这也不是没有道理的。

然而，经济学家恐怕要大跌眼镜，因为一般人并不是按上述策略来博弈的。泽尔达通常会拒绝低于 3 美元的分钱提议。毫无疑问，对方故意把分钱提议压得如此之低，这让她极为不爽，一怒之下，就会拒绝接受。这种极低的分钱提议并不经常发生。平均下来，局中人 A 给局中人 B 的分钱提议都超过 6 美元。鉴于该博弈的玩法，提出分这么多的钱给对方，显然是为了避免遭到对方拒绝。然而，分 6 美元——几乎占总数的 1/3——似乎也是很大方的分钱方案。

这算是利他主义的表现吗？

或许吧，但很可能又不是。最后通牒博弈中提议分钱的局中人，大方地增加分给对方的钱，这是有所图的——避免对方拒绝。正如现实世界中的诸多例子那样，最后通牒博弈中看似慷慨的行为，实则不可避免地与潜在的自私动机紧密地联系在一起。

因此，我们来看最后通牒博弈的又一个设计巧妙的新变体，叫作独裁者博弈。同样，是要在两个人中间分一笔钱。但在这个博弈中，只允许一个人做决定。（这就是该博弈名称的由来：那位独裁者是唯一重要的局中人。）

最初的独裁者博弈是这样玩儿的。给安妮卡 20 美元，让她与泽尔达分钱，可选择以下两种方案之一：（1）两人平分，每人各拿 10 美元；（2）安妮卡拿 18 美元，其余 2 美元给泽尔达。

独裁者博弈玩法直截了当，设计巧妙。两位匿名的参与者的博弈结果一锤定音，似乎剥离了现实世界中利他主义所牵涉的种种复杂因素。慷慨大方可能无法获得回报，自私行为可能也不会受到处罚，因为局中人 B（即不是独裁者的那位局中人）无法惩罚独裁者。同时，因为不知对方姓名，这也就消除了给予方对接受方可能存在的任何个人好恶因素。比如，对于卡特里娜飓风、中国汶川大地震或非洲旱灾而言，普通美国人对这三个灾区的受害者，肯定会怀有各不相同的感受。同理，普通美国人可能对飓风受害者和艾滋病患者的感受也不同。

因此，独裁者博弈似乎直指我们所研究的利他主义的核心。换作你，你会怎么玩儿呢？设想一下，你就是那位独裁者，现在面临两种选择，可以与对方平分那笔钱，也可以只给对方 2 美元。

可能的情形是——你会平分那笔钱。第一次参加独裁者博弈的人中，3/4 的人就是这么选择的。不可思议！

独裁者博弈和最后通牒博弈得出的结果，其说服力如此之强，没过多久，这两种博弈就受到学术界的热烈追捧。经济学家、心理学家、社会学家和人类学家，运用多种方式和不同的情景设置，开展了数百次实验。其中一个影响非凡的研究项目被编撰成书——《人类社会行为的基础》（*Foundations of Human Sociality*）。在这个项目中，一组杰出的学者周游世界，在 15 个规模较小的社会群体中开展利他主义实验，包括坦桑尼亚原始狩猎族群、巴拉圭的阿契土著部落以及蒙古西部的蒙古族和哈萨克族。

实验结果表明，不论是在蒙古西部做实验，还是在芝加哥南区，结果都大同小异：都表现了给予的倾向（天性）。现在，这个博弈规则做了一定调整，独裁者可给予对方 20 美元内的任何数目，而不仅限于最初所设定的两种选择（2 美元或 10 美元）。在这种规则下，人们平均大约给出 4 美元，也就是说，给出了总数的 20%。

这传达出的信息再清楚不过了：人类似乎确实具有利他主义的本性。这个结论不仅令人振奋，似乎也表明基蒂·吉诺维斯的邻居不过是一群令人作呕的异类罢了，而且还撼动了传统经济学的深层根基。《人类社会行为的基础》是这样写的："过去 10 年来，实验经济学的研究已强有力地宣告，有关经济人的传统阐释是不符合事实的。"

如果有人还想得意地吹嘘经济人观点的经典之处，而他也不是经济学家，或许这是可以原谅的。但是，经济人——这种极为理性的自私动物（自从这一说法被提出后就一直受悲观派热烈追捧），已经死了（如果他以前确实存在的话）。感谢上帝！

如果这种新的称呼——利他主义者（Homo altruisticus）——对传统经济学家来说是个坏消息的话，那么与此相对，这似乎对其他所有人都是好消息。慈善和赈灾机构尤其有理由额手称庆。但是，不仅如此，还有更广泛的影响。任何人，从政府高官到希望孩子具有公德心的父母，都会从独裁者博弈结果中获得灵感和启发。这是因为，如果人类天生乐善好施，那么我们的社会就应该能依靠利他主义来解决甚至是最让人头疼的问题。

现在来看看器官移植。第一例成功的肾移植手术在 1954 年完成。当时，对普通人而言，这种手术简直就是奇迹：肯定会死于肾衰竭的人，只要医生把另一个健康的肾精确地移植到他的体内，那么他就能继续活下去了。

那么移植的肾从哪里来呢？最便捷的来源是一个刚刚死去的

人，比如交通事故中的丧命者，或死于其他原因但器官健康的人。一个人的死能够挽救另一个人的生命，这一事实让人更加觉得不可思议。

然而到头来，器官移植反而成了其辉煌光环下的牺牲品。尸体的正常供应满足不了器官移植的需求。在美国，交通事故死亡率在下降，这对于司机来说是天大的好消息，然而对于急需肾维持生命的患者而言却是个糟糕的消息。（但至少摩托车事故死亡人数仍在持续上升，从一定程度上说，这是因为美国很多州允许摩托车驾驶员不戴头盔驾驶，于是一些器官移植外科医生称其为“器官捐赠驾驶员”。）一些欧洲国家通过了“假定同意”的法律，也就是说，在某人遭遇事故的情形下，除非家人明确登记说明不捐献死者器官，否则医生可以假定死者同意捐献而摘取器官。但即便如此，肾源仍然无法满足需求。

幸运的是，尸体并不是唯一的器官来源。我们生来就有两个肾，只要有一个就能正常生活，第二个肾是人类进化的精妙产物。这就意味着，为了挽救某个人的生命，将自己的一个肾捐献出去后仍然可以过正常的生活。谈点利他主义吧！

这样的器官捐献案例非常多，有配偶捐给对方的，有兄弟捐给姐妹的，有成年女性捐给年迈的父亲或母亲的，甚至还有人将肾献给儿时玩伴。但是，如果现在你即将死去却又没有朋友或亲戚愿意给你捐个肾，情形又会如何呢？

伊朗非常担心肾器官的短缺，居然立法通过了一项计划，给那些放弃一个肾的人付费，大约 1 200 美元，肾器官接受者另外再支付一笔费用。

与此同时，美国 1983 年举行的一次国会听证会上，一个名叫巴里 · 雅各布（Barry Jacobs）的敢作敢为的医生，陈述了他设计的器官付费计划。根据他的设想，他要创立一家公司，即国际肾交易有限公司（International Kidney Exchange， Ltd.），将把第三世界国家的公民带到美国，移除他们的一个肾，付一些钱，然后将他们送回家。刚刚提出这个想法，雅各布就遭到了猛烈抨击。对他的计划做出最严厉抨击的是一个年轻人——田纳西州国会议员，名叫阿尔 · 戈尔。戈尔讽刺道，这些肾器官移除者“或许仅仅因为有机会亲眼目睹自由女神像、国会大厦或其他什么，而愿意给你打折”。

美国国会旋即通过了《全国器官移植法》（*National Organ Transplant Act*）——“任何人在明知是以牟取暴利为条件，获取、接受或以其他方式转移任何人体器官，以作人体器官移植使用的行为”均属违法。

美国有些才华横溢的学者已科学地论证了一个事实：人类天生就乐善好施。或许，这种利他主义本性是人类长久进化过程中的又一个产物，就像人类的第二个肾一样。至于为什么存在，谁又在乎呢？自豪地依靠我们与生俱来的利他主义本性，获得足够多的被捐献出来的肾，用以挽救每年成千上万条生命，在这方面美国将走在世界前列，给其他国家做榜样。

交易大厅的欺骗作为

最后通牒博弈和独裁者博弈推动了实验经济学的发展，而这又催生了一种被称为“行为经济学”的子学科。行为经济学倾其全力要做的就是将传统经济学和心理学结合起来，彻底弄清难以捉摸、让人困惑不已的人类动机，这也是加里·贝克尔数十年来一直在思考的课题。

行为经济学所进行的实验，对于经济人理论来说可谓釜底抽薪。经济人似乎每天都在变化，越来越没有以前自私。如果你对这个结论存有异议，好吧，只要看看最近有关利他主义、合作及公平的实验结果。

在新生代经济学家中，有那么一位实验经济学家，就此开展的实验最多，此人名为约翰·李斯特，籍贯美国威斯康星州阳光草原。他是偶然成为经济学家的，而且与他的前辈和同人相比，他的学术血统并没有那么纯正。他出生于一个卡车司机家庭。“我的祖父从德国移民过来，是一个农民。”李斯特说，“后来他发现，作为一个农民，种植谷物卖给面粉厂，挣不了多少钱，而卡车司机赚钱更多。于是，他决定卖掉一切，买一辆卡车。”

李斯特家族成员聪明勤劳，体格健壮，学历文凭对他们而言并不是最重要的。李斯特的父亲在12岁时就开始驾驶卡车，而且也希望约翰·李斯特就干这一行。但他拒绝服从父亲的安排，他去上大学了。之所以有机会上大学，是因为他赢得了威斯康星大学史蒂芬分校提供的奖学金。学校放假时，他会帮父亲装卸牛饲料，或帮忙将纸制品运往距本地三个半小时车程的芝加哥。

在史蒂芬分校练习高尔夫球时，李斯特注意到一个现象：一群教授几乎每天下午都来打高尔夫球。他们是教经济学的。自此以后，李斯特决心也要成为一名经济学教授。（他喜欢这门学科，这对他实现目标帮助不小。）

读研究生时，他选择了怀俄明大学。虽然他那个系算不上全国一流，但他仍然感到那里高手如云，难以出头。上课的第一天，同学们自我介绍，当李斯特说他毕业于史蒂芬分校时，他感到教室里的每个人都好奇地盯着他。要知道，他的同学可都是来自哥伦比亚大学或弗吉尼亚大学。他认识到，自己唯一的机会就是要比他们做得更好。接下来的几年内，他比其他任何同学写出了更多的论文，参加了更多的资格考试，而且正如很多年轻的经济学家一样，也开始做实验。

毕业找工作时，李斯特寄出了 150 份求职信。结果，怎么说呢，犹如石沉大海。最后，他的确搞定了一份工作，在奥兰多的中佛罗里达大学。他的授课工作量非常大，同时还担任男子和女子滑水队教练[①]。他应该是一位蓝领经济学家，如果真有这种称呼。在那里，他仍然一篇接一篇地写论文，同时做许多实验；他执教的滑水运动员，甚至还成功晋级全国滑水锦标赛。

几年后，亚利桑那大学弗农·史密斯（Vernon Smith）实验室——“教父级”经济学实验室——向他发出了工作邀请函。这份工

① 滑水是一种借助动力的牵引使人在水面上滑行的水上运动。1922 年最早起源于美国，后迅速在欧洲以及澳大利亚流行。——译者注

作的年薪是63 000美元，比他在中佛罗里达大学的年薪高很多。出于对该校的忠诚，李斯特让他的系主任看了邀请函，希望中佛罗里达大学至少将他的年薪提高到同样的水准。

他得到的回答是："63 000美元的年薪，我们认为可以找人接替你的工作。"

他在亚利桑那大学待的时间很短，因为不久后，就受聘于马里兰大学。在马里兰大学任教时，他还服务于美国总统经济顾问委员会；在前往印度协助商谈《京都议定书》的42人组成的美国代表团中，李斯特是唯一的经济学家。

现在，实验经济学是前所未有的火爆，他在这一领域已经获得了稳固的地位。2002年，弗农·史密斯和丹尼尔·卡尼曼（Daniel Kahneman）获得了诺贝尔经济学奖。卡尼曼是一位心理学家，他对决策问题的研究奠定了行为经济学的根基。这个时代的这些大师和其他研究人员已建立了一套新的研究原则，进而从根本上动摇了传统经济学的地位，而现在李斯特正坚定地追随着他们的足迹，不断地开展独裁者博弈和其他行为博弈等诸多实验。

当然，从在史蒂芬分校读书时开始，他就一直在做古怪的现场实验。在实验中，参与者本人并不知道自己是实验对象。他发现，在实验室中得出的结果在现实世界中不一定总能站得住脚。（众所周知，经济学家热衷于理论验证，早就有这种绝妙的讽刺语：没错，实践中可行，但在理论上也能站得住脚吗？）

他做过的最有趣的实验，是在弗吉尼亚棒球球员卡收藏展上进行的。数年来他一直都参加此类球员卡收藏展。作为一名本科在读学生，他靠卖球员卡挣钱补贴生活，甚至会驾车到很远的地方，例如得梅因、芝加哥或明尼阿波利斯，反正哪里市场行情好，就去哪里。

在弗吉尼亚，李斯特在展览交易大厅四处转悠，随机邀请顾客和卖主到后台做一个经济学实验。实验规则是这样的：一个顾客说出他愿意为一张球员卡付多少钱，从李斯特设定的 5 种价格中选择一种，顾客的报价从最低 4 美元到最高 50 美元不等；随后，球员卡卖主给出价顾客一张理应与其出价相当的球员卡；每位顾客和卖主配出 5 个不同组合，交易 5 次。

只要顾客首先出价——就像去找芝加哥街头妓女的白种男人一样，那么卖主就绝对有机会舞弊：将较低价值的球员卡卖给顾客。卖主的优势在于他们知道每张卡的实际价值。但是顾客也有优势：如果他们认为卖主会欺骗他，那么他们完全有可能每次压低出价。

那么结果如何呢？平均而论，顾客出价都相对较高，而卖主也都给出了相应价值的球员卡。这间接表明顾客信任卖主，而这份信任也产生了良好的回报。

结果并没有让李斯特感到意外。他证明了在实验室通过大学生参与实验得出的结论，在棒球卡实际交易中同样也适用，至少当参与者知道主持人在认真记录其行为时情形如此。

随后，他在真正的交易大厅中主持了一次不同的实验。同样，也是随机选取顾客。但这次不同的是，他让顾客独自走到球员卡销售商的展位旁，销售商不知道有人在观察他们。

规则很简单，顾客在下面两种出价方式中选择一种即可：给我20美元能买到的弗兰克·托马斯球员卡中最好的卖给我；给我65美元能买到的弗兰克·托马斯球员卡中最好的卖给我。

结果呢？

与在后台表现出的谨慎不同，销售商不断欺骗顾客，给出的球员卡价值总低于顾客的出价。不论出价是20美元还是65美元，结果都一样。李斯特还观察到关于销售商的一个耐人寻味的行为差异：来自其他城市的销售商，比本地销售商欺骗客户的次数更多。合情合理！本地销售商很有可能是出于维护自己的声誉；也可能是担心被耍的顾客回家上网发现上当后，自己会被臭扁一顿，棒球拍打在头上可不好受。

面对交易大厅的欺骗行为，李斯特开始怀疑：或许他在后台所见证的所有“信任”和“公平”，根本就不是实情。如果那只是在实验主持人监督之下的产物，会怎么样呢？如果有关利他主义的实验情形也是如此，真实情形又会如何？

没错，他的前辈和同人已经得到了有关利他主义的太多实验室证据，但是李斯特还是半信半疑。他自己所做的现场实验结论完全不同，正如他的一次个人经历给他的启示一样。19岁时，他到芝加哥送一批纸制品。他的女朋友珍妮弗也搭车跟他一起去。（他们后来结婚，育有5个子女。）他们到达仓库区时，装卸码头有4个男人，坐在一条长椅上。时值盛夏，酷暑难耐。其中有个人说，他们在休息。

李斯特问要休息多久。

“嗯，我们不清楚。”那个男人说，“你为什么不自己卸货呢？”

仓库工人负责从卡车上卸货，或至少帮忙卸货，这是惯例。但是显而易见，现在他们不会帮忙。

“好吧，如果你们不帮忙，没关系，”李斯特说，“把叉车的钥匙给我就行。”

他们大笑，告诉他钥匙不见了。

于是，李斯特与珍妮弗开始从卡车上卸货，一箱又一箱地卸。在那 4 个工人嘲弄的目光下，他们汗水湿透衣襟，其状极为可怜。终于只剩下最后几个箱子了。这时，有个工人突然说找到了叉车钥匙，并把车开到了李斯特的卡车旁边。

有过这类遭遇之后，李斯特开始认真质疑：利他主义精神是否真的正如独裁者博弈和其他实验所表明的那样是人类的天性？

没错，上述研究已经获得广泛的知名度，某些经济学家还因此获得了诺贝尔奖。但是，李斯特越是思考这个问题，越是怀疑，或许这些结论完全错了。

利他主义的精神哪儿去了？

2005 年，李斯特获得了芝加哥大学的终身教职，在世界上最知名的经济学研究中心工作，这主要归功于他开展的现场实验。这其中有些不合常理——如果一个教授在某所大学获得终身教职，那么这所院校在知名度上往往要比他以前任教的学府低，也不会比授予他博士学位的大学名气大。这几乎是学术界一条雷打不动的法则。而李斯特成了例外，他像一条顺流游入大海产卵的三文鱼①。而在他的故乡威斯康星，他的家人可没觉得这有什么了不起。“他们很是好奇，为什么我混得如此失败。”他说，“为什么不仍旧待在奥兰多，那里的天气简直太好了，而芝加哥的犯罪活动太猖獗了。”

现在，他对利他主义研究文献的认识跟其他人一样深刻，而且，他对现实世界的理解比他们更深刻一些。“让人困惑不解的是，”他写道，“我、我的家人、我的朋友（以及他们的家人和朋友），从来就没有收到过塞满现金的匿名信。既然全球为数众多的学生都在实验室实验中通过给陌生人匿名寄送现金来展示其乐善好施的偏好，为什么我们就收不到呢？”

因此李斯特开始全身心地投入工作，希望能最终确定利他主义是不是人类的本性。他的理想武器就是独裁者博弈，也就是奠定传统智慧的实验。这意味着他要挑选许多学生志愿者，再进行独裁者博弈的多种延伸实验。

他从标准独裁者博弈开始。给局中人A（我们仍然称之为安妮卡）一些现金，安妮卡得决定是否给泽尔达分钱，以及分多少钱。李斯特发现，70%的局中人A会给泽尔达一些钱，所给的钱平均约占总数的25%。这个结论与典型独裁者博弈的结果完全一致，完全反映了人类利他主义精神的存在。

在第二个实验中，李斯特又给了安妮卡一种选择：她仍然可以

① 三文鱼，出生于内陆淡水，由鱼卵孵化成小鱼之后，会顺流而下游入大海。在海中生活2—4年后会逆流而上历经艰辛回到出生地产卵。——译者注

给泽尔达分任何数目的钱，但如果她愿意的话，她可以从泽尔达处拿1美元。如果那位独裁者乐善好施，那么这个微小的规则调整应该根本就不会影响博弈的结果，这只会影响那些毫不具有利他主义精神的人。李斯特所做的不过是扩大那位独裁者的选择范围，而这种增加的选项只会对最吝啬自私的人产生影响。

在这个增加了“如果想就拿1美元”选项的版本中，只有35%的局中人A给了泽尔达一些钱，只有最初的独裁者博弈中分钱人数的一半。同时大约有45%的局中人一分钱都不给，剩下的20%则从泽尔达处拿了1美元。

嘿，利他主义精神都哪儿去了？

李斯特没有就此止步。在第三个实验中，李斯特告诉安妮卡，泽尔达也被给了与她一样多的钱，安妮卡可以把泽尔达的钱全部拿走，如果她愿意，她也可以从她自己的钱中分任何数目给泽尔达。

结果呢？现在只有10%的局中人A给泽尔达一些钱，超过60%的局中人A从泽尔达处拿钱，超过40%的局中人A拿走了泽尔达所有的钱。在李斯特调整过的实验中，一群乐善好施的好人，突然之间摇身一变，成为一伙强盗了。

李斯特设计的第四个最终实验，与第三个实验相似——独裁者可以拿走局中人B所有的钱，但有个简单的调整。上述博弈的常见做法是给局中人一定数额的钱玩游戏，现在规则变了：安妮卡和泽尔达得靠自己赚这笔钱。（继续做这个实验，李斯特需要参与者自己工作挣钱，而由于研究经费有限，这种策略可谓一石二鸟。）

参与人通过工作挣到钱后，该做实验了。安妮卡仍可选择拿走泽尔达的所有钱，就正如在上述版本中60%的局中人所做的那样。但在两个局中人靠自己挣钱的情况下，只有28%的局中人A从局中人B处拿钱。至少2/3的局中人A既不给别人，也不拿别人一分钱。

那么，约翰·李斯特到底做了什么，这又意味着什么呢?

李斯特聪明地引入了新元素，使实验室实验与现实世界的情形更为相似。正是以这种方式，他颠覆了有关利他主义的传统观点。如果你在实验室中的唯一选择是给别人分钱，那么你很可能会分。但在现实世界中，这很少会成为你唯一的选择。他做的最后一个实验（涉及局中人自己挣钱的那个）或许是最有说服力的。这个实验表明，如果一个人是靠诚实劳动自己赚钱，而且相信另一个人也正是这样做的，那么她既不会将自己挣来的钱给予他人，也不会拿走本不属于她的钱。

那么，因发现利他主义无所不在而得奖的所有行为经济学家，他们错了吗?

"我认为，很明显，大多数人对其数据的解释都是错误的。"李斯特说，"在我看来，这些实验结果让他们很是尴尬。可以肯定的是，我们所见证的种种，很多都不是利他主义的表现。"

李斯特努力进取，作为一位卡车司机的儿子，不停地奋斗，后来逐渐融入这个学者精英的核心圈子，要知道正是这些精英一直改写着经济行为理论。现在因为坚持自己的科学原则，他不得不背离这个精英圈子。随着他的实验结论逐渐为人所知，突然之间，按他自己的说法，他成了这个圈子“恨之入骨”的人。

十字路口有交警，你会闯红灯吗？

知道自己的结论确定无疑是正确的，这个事实至少可以让李斯特得到某种慰藉。现在，我们来分析一下导致实验室结论不靠谱的几个因素。

第一个因素是选择性偏差。回忆一下有关医生报告卡的棘手问题。最好的心脏病专家诊断的对象，很可能是病情最严重、最危急的患者。所以，如果仅仅依据死亡率给医生打分，那么，即使他的医术最高明，所得评分也可能是不及格。

类似的是，自愿参与独裁者博弈的人比一般人更乐于合作吗？极有可能是的。很久以前，就有学者指出，大学实验室里的行为实验，不过是“一种属于自愿参与实验，并同调研主持人经常保持联络的大二学生的科学”。而且，这类志愿者往往是“科学方面的理想主义者，通常希望得到更大程度上的认可，同时又没有非志愿者那种程度的权威主义倾向”。

也或许，如果你不是幼稚的理想主义者，你根本就不会去参加这类实验。这就是李斯特在其棒球球员卡实验中所观察到的结果。当他在第一轮实验中选择志愿者时，很显然他把这个流程也作为经济学实验内容之一，他记下了拒绝参与实验的销售商。在第二轮实验中，当李斯特让他选择的顾客接近销售商展台，看那些不知情的销售商是否会使诈时，李斯特发现，在第一轮中拒绝参与实验的销售商，平均而论往往是最厚颜无耻的欺诈者。

导致实验室结论失真的另一个因素，是主持人的密切观察行为。当科学家将一块铀矿石、一个虫子，或一个细菌菌落带入实验室时，实验对象并不会因为有个穿着白色大褂的人在密切观察它就出现异常。

然而，人类个体行为会因受到密切观察而产生很大变化。十字路口有交警时，你会闯红灯吗？或者说，你会无视摄像头（如今日益普及）的监视而闯红灯吗？我认为你不会。如果你的老板已在洗手间洗过手，你会去洗手吗？我认为你会。

在更微妙的观察环境下，我们的行为也会随之改变。在英格兰泰恩河畔的纽卡斯尔大学，一位名叫梅丽莎·贝特森（Melissa Bateson）的心理学教授，她在她那个学院的茶水间暗中做过一次实验。通常情况下，老师喝过咖啡和其他饮料后，都会在“诚信箱”中放钱。每个星期，贝特森都会贴上一个新的价表。上面的价格从来不变，但价格列表上方的小图片会替换。在奇数周，上面是花儿；在偶数周，上面是一双眼睛。有眼睛注视时，贝特森的同事在诚信箱中留下的钱，几乎是一般情况下的3倍。因此，下次当你看到一只鸟被一个傻兮兮的稻草人吓跑的时候，请记住，稻草人的威慑作用对人同样有效。

那么，密切观察行为是如何影响独裁者博弈实验的呢？设想一下，你是一个学生，或许是大二学生，自愿参加这个实验。主持实验的教授可能会待在现场，因为他要记录实验对象所做出的选择。记住，参与实验所涉利益相对较小，就20美元。也请记住，你是到场就得到了20美元，而不是辛苦挣来的。

现在，主持人问你，是否愿意把一些钱分给另一个没得到20美元钱的匿名学生。你确实不怎么想独占这20美元，不是吗？你可能不喜欢这个有点古怪的教授，甚或非常讨厌他，然而没人想在别人面前表现得十分吝啬。你会想："有什么大不了的，我给你分上一点就是了。"但是，即使是最富有激情的乐观主义者也不会把这称为利他主义行为。

除了密切观察行为和选择性偏差外，还有一个因素值得考虑。人类行为受一组复杂因素的影响，这些因素包括行为动机、社会规范、判断标准以及经验常识，也即特定情景。我们的行为处世如此而非彼，是事出有因的：鉴于特定情境下所能做出的选择及受某种动机的驱使，似乎只有那么做才是最有利的。这也被称为理性选择，经济学家张口就来的就是这些东西。

这不是说独裁者博弈局中人不会在真实情景中做出相应反应，他们也会。然而，实验室情景必然是不真实的。一位学术研究人员在一个多世纪前就曾这么描述过，在实验室里开展的实验，其魔力之大，足可将一个人变为"傻兮兮的机器人"，其外在行为所展示出的，"实际上无不在刻意迎合调研主持人，给出主持人梦寐以求的结果"。心理学家马丁·奥恩（Martin Orne）曾警告说，实验室助长了一种可能最适合被称为"强迫性配合"的趋势。"在实验中，你能想象出的、由知名的实验主持人提出的任何请求，"他这样写道，"都被一种魔力非凡的说法——'这是一个实验'——赋予了合法性。"

不可思议的是，奥恩的观点被印证了，至少被两个臭名昭著的实验给印证了。耶鲁大学心理学家斯坦利·米尔格拉姆（Stanley Milgram）在1961—1962年做了一个实验，其目的在于解释纳粹军官为什么会遵从、执行上级给出的令人发指的命令。米尔格拉姆让实验参与者按照他的指示，执行一系列让人痛苦万分（而且逐渐加大强度）的电击，至少执行者当时认为电击是痛苦的；其实所有电击都是假的，但实验参与者并不知情。1971年，斯坦福大学心理学家菲利普·津巴多（Philip Zimbardo）曾做过一个有关囚犯的实验，让某些实验参与者扮演监狱看守人的角色，其他参与者则扮演囚犯。后来，看守人越来越像虐待狂，残暴成性，津巴多只得终止了这个实验。

当你仔细思考津巴多和米尔格拉姆要求实验参与者所干的“好事”之后，你就不会对这种说法感到任何意外：做独裁者实验的知名研究学者，纵使只是让一位在读大学生把一些钱分给另一位学生，看似没有什么负面影响，但是正如李斯特所说的那样，这可能会“诱使学生给出他们所渴望得到的任何结果”。

人真的既慷慨大方又冷酷无情？

当你以经济学家（例如约翰·李斯特）的角度去审视现实世界时，你就会意识到看上去是利他主义的很多行为，似乎就不再那么无私了。

如果你给当地的广播电台捐赠100美元，这似乎表明你乐善好施，然而作为回报，你在下一年听免费广播时就问心无愧了（如果幸运的话，还能得到一个帆布大提包）。按人均慈善捐助额论，不用说，美国肯定世界第一，但是美国税法对这些捐款的免税幅度也是最大的。

大多数的给予行为，按照经济学家的说法，是不纯的利他主义或温情式利他主义。你行善不仅仅是因为你希望帮助他人，还因为行善让你看上去善良，或让你感觉没错，抑或让你感到不那么糟糕。

我们来考虑一下乞丐的情形。加里·贝克尔曾这样写过，给乞丐钱的大多数人之所以这么做，仅仅是因为“乞丐的样子让人不太舒服，或乞丐的哀求触动了他们，他们感到不自在或内疚”。人们在街上行走时往往会躲开乞丐，极少主动走过去给乞丐送钱，其原因正在于此。

现在再来看看美国的器官捐赠政策。坚信利他主义会让器官需求得到满足，其成果又如何呢？

不怎么样。目前美国需要换肾的等待名单上有 80 000 人，但 2009 年只能做 16 000 多例肾移植手术。供求缺口每年都在扩大。20 年来，等待名单上已死去的人超过 50 000，还有至少 13 000 多名病人的病情已十分严重，没法接受手术，不再在等待名单之列。

如果利他主义真的是出路所在，那么美国人对肾的需求也本该因捐赠者源源不断的供应而得到满足，但需求并未得到满足。在这种情况下，有些人（包括加里·贝克尔）就开始呼吁在美国设立一个受到良好监管的人体器官市场，通过这个市场，献出器官的人可因此得到补偿，可以是现金、大学奖学金、免税优惠或其他方法。截至目前，这个提议已遭到社会各界的一致讨伐，因此现在看来难以获得政治上的支持。

与此同时，我们回想一下伊朗的情形。伊朗早在30年前就启动了类似上述提议的市场。这个市场虽然有缺陷，然而伊朗需要做肾移植手术的病人，却不必上等待名单，对可移植的肾器官的需求得到了充分满足。普通美国人可能不会将伊朗视为全球最具前瞻性（深谋远虑）的国家，但可以肯定，作为全球唯一一个认识到利他主义的本来面貌——更确切地说，认识到其伪装之下的非利他主义面貌的国家，伊朗功不可没。

如果说约翰·李斯特真的证明了什么的话，那么他所证明的结论就是“利他主义精神是否是人类的天性”这一问题，是一个不适当的问题。人不是“好人”，也不是“坏人”。人就是人，刺激之下，人会做出相应的反应。人几乎总能受到影响或控制，进而变好或变坏，只要你能找到恰当的方法。

因此，人类具有慷慨大方、无私甚至英勇的行为倾向吗？绝对有。他们是否也有冷酷无情的一面呢？绝对是。

说到这里，又想起了眼睁睁看着基蒂·吉诺维斯被残忍凶杀的那38位旁观者。这个案例让人困惑难解的地方在于：哪怕旁观者有那么一点点怜悯之情，从自己家中打个电话报警，结果都会截然不同，但他们没有这么做。这么多年来，人们一直还在问同一个问题：事发时，他们怎么就能如此令人震惊地无动于衷呢？其原因也正在于此。

或许，还可以问一个更好的问题：他们当时的行为果真如此令人震惊吗？

凶杀案的报道属实吗？

有关吉诺维斯被害案，几乎所有的书面或口头评论，都是围绕《纽约时报》在案发两个星期后刊出的那篇引人深思的报道展开的。这篇文章是两个男人在共进午餐时构思的产物。一人是A · M · 罗森塔尔（A. M. Rosenthal），《纽约时报》都市版编辑；另一人是迈克尔 · 约瑟夫 · 墨菲（Michael Joseph Murphy），纽约市警察局局长。

杀害吉诺维斯的凶手温斯顿 · 莫斯利当时已被逮捕，也已认罪。那篇报道不是什么大新闻，在《纽约时报》尤其不算。不过是又一起发生在皇后区的离奇凶杀案，对于拥有顶级销量的报刊来说，这是不值得投入大量版面报道的那类新闻。

奇怪的是，莫斯利当时还承认自己犯下了另一宗凶杀案，可此前警局已经抓捕了另一个被控实施那次凶杀的嫌疑人。

"对皇后区的两起案件的供认情况怎么样？"罗森塔尔吃饭时问墨菲，"到底是怎么回事？"

墨菲没回答他的问题，转移了话题。

"皇后区那起案件非常古怪。"他说。随后，他告诉罗森塔尔，有38位邻居眼睁睁地看着基蒂 · 吉诺维斯被害，事发时却没有一个人打电话报警。

"38位？"罗森塔尔问。

"对，38位，"墨菲说，"我干这行已经很长时间了，但从没有遇到过这种事。”

罗森塔尔，正如他后来在书中所写的，“认为那个警察局局长在夸大其词。”如果说言词夸张，那么墨菲是出于什么动机呢？很显然，如果如实报道说，针对同一起凶杀案，警方逮捕了两个嫌疑人，那么这很可能会让警方下不了台。而且鉴于基蒂·吉诺维斯被害过程历时较长，罪犯残暴冷血，警局可能对谁将就此负责的问题十分敏感。他们为什么没有阻止凶杀发生？

尽管持怀疑态度，罗森塔尔还是派马丁·甘斯伯格（Martin Gansberg）——此前长期干文字编辑，刚做记者——去秋园进行了采访。4天后，新闻史上将永远占有一席之地的那段开头语，就出现在了《纽约时报》的头版上。

在半个多小时内，皇后区38位遵纪守法、人格高尚的居民，眼睁睁地看着一个杀手尾随并用刀子捅死一个女人，共袭击了3次，都在秋园内。

对于刚刚做记者的甘斯伯格，以及像罗森塔尔这样有远大抱负的编辑（他就该案写了一本书，《38位目击者》，成为《纽约时报》首屈一指的记者）而言，这篇报道绝对是成功之作。此后数十年，像他们这样两个名不见经传的新闻从业人员，竟然能够对诸如人类冷漠这类引人关注的议题，做出如此重大的报道，进而引发公众舆论一片哗然，这种情形已不多见了。因此，他们肯定有强烈的动机才会这样做。

然而，其报道属实吗？

能回答这个问题的最佳人选，可能是小约瑟夫 · 德梅（Joseph De May Jr.），海事律师，现居住在秋园。他 60 岁，大脸盘，淡褐色眼睛，头发稀少，是个热心人。不久前，在一个空气清新的周日上午，他带我们参观了那个住宅区。

“第一次袭击就发生在这里。”他说，“基蒂 · 吉诺维斯把车停在那里，就在火车站停车场。”他指向大约 35 码外的地方。

自上次凶杀案发生后，这个住宅区几乎没有变化。建筑物、街道及停车场还是老样子。石砖搭建的莫布雷公寓维护良好，仍然矗立在那里。

德梅是在 1974 年搬到这个小区的，即吉诺维斯被害的 10 年之后。以前，他并没有经常去想这个案件。几年前，身为当地一家历史事件协会的会员，他做了一个网站专门介绍秋园住宅区的发展历史。没过多久，他觉得应在网站上增加有关吉诺维斯凶杀案的相关内容，因为此案是秋园如此知名的原因。

在收集有关此案的照片和新闻剪报的过程中，他逐渐发现有关吉诺维斯案情的官方报道的诸多矛盾之处。他越是集中心思还原当时的凶杀经过，就越是深信，那篇有关那 38 位冷漠无情的目击者的轰动一时的报道，怎么说呢，太过夸张了。身为律师的德梅在深度剖析了《纽约时报》的这篇报道后，仅在第一段文字中就发现了 6 处事实错误。

报道称，那 38 个人“在窗边屏住呼吸”，“着迷地看着一个杀手尾随并捅死一名女子，袭击共发生三次”，但“在袭击期间，没有一个人打电话报警”。

根据德梅的说法，下面的内容更接近真实情形：

第一次袭击大约发生在凌晨3点20分，当时大多数人还在睡梦中。吉诺维斯后背被莫斯利捅了一刀后，尖叫着喊救命。尖叫声惊醒了莫布雷公寓的一些住户，他们立即跑到窗边。

人行道灯光昏暗，因此他们可能很难看清那里发生了什么事。正如莫斯利后来供认的那样，“当时正值深夜时分，我很肯定没人能透过窗户看清这里发生的事。”如果那时真有人能看到什么的话，也可能只是看到地上有个女人，旁边站着个男人。

莫布雷公寓至少有一个人（男的）对着窗外大叫：“放开那个女孩！”莫斯利立即跑回到他的车中，车停在离事发现场不到一个街区的地方。“我看到她又站了起来，没有死。”莫斯利供认。他把车向后倒了一段距离，他说，为了不让别人看清车牌号码。

吉诺维斯挣扎着站起来，缓慢地走向公寓楼后边，也就是朝向她住的公寓门口。但是，她没能走到。在通往她住所的附近公寓的门廊里，她倒下了。

过了大约10分钟，莫斯利又返了回来。很难弄清楚他是如何在黑暗中找到她的，可能是顺着血迹找过去的。在走廊中，他奸杀了吉诺维斯，随后便逃之夭夭。

《纽约时报》的报道，与那个时代其他许多犯罪报道一样，主要是依据警局提供的信息。起初，警局称莫斯利对吉诺维斯实施了三次袭击，《纽约时报》也是这样报道的。但实际上，只发生了两次袭击。

（警局最终纠正了他们的说法，然而正如悄悄话游戏一样，报道中出现的错误也是自有其缘由的。）

没错，第一次短暂的袭击是在光线暗淡的人行道上发生的，当时是深夜。第二次攻击是在10分钟后，在门廊里，所以先前目击了第一次袭击的人看不到第二次袭击。

那么，那“38位目击者”又是哪些人呢？

目击者人数是由警局提供的，显然人数本身被严重夸大了。“我们只发现六七个人目击了那场凶杀案，能做证的也就那么多人。”有一位公诉人后来回忆说。根据德梅的说法，其中就包括一个可能的确亲眼目睹了第二次袭击的邻居，但是此人已喝得烂醉，甚至懒得去报警了。

仍然有个问题：即便这不是历时很长、残忍至极、数十个邻居都目睹的凶杀案，也应有人报警，为什么案发时没有任何人打电话报警呢？

在那个轰动一时的报道中，有关报警问题的描述甚至也可能是不真实的。当德梅的网站正式推出后，有个网民发现了这个网站，他的名字是迈克·霍夫曼（Mike Hoffman）。吉诺维斯被害时，他还没满15岁，当时住在莫布雷公寓的二楼。

霍夫曼回忆说，当时他被街上的一阵喧闹声吵醒，于是打开卧室的窗户，想听个究竟，但最终还是没能听清楚。他估摸着可能是情侣在吵架，与自己没啥关系，反倒很来气，于是“对他们大吼：给老子安静点”。

霍夫曼说他听到其他人也在喊，当他朝窗外望去的时候，他看到一个男的跑了。为了看个究竟，霍夫曼又跑到卧室的另一个窗户边，但是那个男人最终消失在黑暗中。霍夫曼又回到他起初向外望的窗户边，看到人行道上那个女的踉踉跄跄地站了起来。“这时父亲进入我的卧室大声吼我，因为我朝窗外吼叫的时候把他吵醒了。”

霍夫曼把看到的告诉了他父亲。“有个家伙刚刚殴打一位女士，后来就跑了！”霍夫曼和他的父亲看到那个女人挣扎着费力拐到楼后面。随后，一切归于平静。“父亲怕她万一伤得很重，需要治疗，于是就打电话报了警。”霍夫曼说，“在那个时代，没有什么‘9 · 11’报警号码。我们得先打给接线员，然后等接线员帮我们接通警局的接线员。过了好几分钟，才接通警局的电话，父亲讲了我们的所见所闻，还补充说，她确实已经离开，但似乎晕晕乎乎的。到那时，没有任何动静了，于是我们都回房去睡了。”

直到第二天上午，霍夫曼才弄清发生了什么事。“有几个警察询问过我们，我们才知道，她拐到楼后面时，那个家伙又回来把她给干掉了。”霍夫曼说，“我记得我父亲当时对他们说过事发时也打电话报了警，如果警察在他打电话后就赶过来，那么她极有可能还活着。”

霍夫曼认为警局的反应这么慢，可能是因为他父亲在电话中描述的情形，不像一宗正在发生的凶杀事件，更像一起家庭纠纷，而根据所见情形，纠纷已经解决。袭击者已逃走，受害者已经走开，当时看来确实如此。像这样一个不怎么紧急的报警电话，霍夫曼说，“警员是不会立即放下手中的油炸圈饼的，因为那似乎不是什么有关凶杀案的电话。”

警方证实，走廊中发生第二次袭击后，确实有人打过电话报警，而且他们随后很快就赶到了现场。但霍夫曼认为，警方可能是在他父亲早先打电话后已经开始准备行动了，只是动作很慢。抑或，打电话的不止一个人：小约瑟夫·德梅听布雷德公寓的其他住户讲过，第一次袭击发生后还有人报过警。

霍夫曼对这起事件的回忆可靠性有多高，这很难说。（他的确写过有关这些内容的宣誓证词，还签了字。）德梅对这起案件的记述是否完全准确，也很难说。（值得称赞的是，他指出了这个事实：那天晚上，具体数量无法确定的、亲耳听到情况的证人，没有十分警觉，因而没有伸出援助之手。不过他也不愿把自己视为有关吉诺维斯案所有情况的绝对可靠来源。）

德梅和霍夫曼都想让他们的小区摆脱因吉诺维斯凶杀案而得到的恶名。这固然是在情理之中，但德梅尽最大努力不让自己以辩护者的身份出现，而霍夫曼看上去也是一个可信的目击者——快60岁了，住在佛罗里达州，退休前在纽约市警局干了20年，退休时候的警衔为警督。

现在我们分析了整个案件中不同人物的不同动机，那如下两种说法哪种更可靠呢？德梅叙说的故事与广为流传的说法——当一个男人在实施凶杀时，整个小区的住户都在旁观，拒绝提供帮助——前者还是后者？

回答这个问题之前，先了解一下温斯顿·莫斯利被逮捕时的具体情形。他是在案发几天后被抓的。在皇后区的另一个住宅小区科罗娜，大约下午 3 点左右，有人看见莫斯利从巴尼斯特家扛着一台电视机出来，然后放进他的车里。

一个邻居走过去，问他在干什么。莫斯利说，正在帮巴尼斯特搬家。于是，那个邻居就回家打电话给另一个邻居，问巴尼斯特是不是真的要搬走。

“绝对不会。”那个邻居说。于是他马上打电话报了警，同时那个邻居又出门，走到莫斯利的车边，将汽车的分电器盖弄松。

莫斯利再次回到车里时，发现无法启动汽车，于是下车逃走了，但没走多远，就被警察逮住了。在审讯时，他很快就主动供认了几天前杀害基蒂 · 吉诺维斯的事实。

这个结果意味着，这个杀害基蒂的臭名昭著的凶手，因为被害者的诸多邻居无动于衷、不予阻止而顺利实施了凶杀，但到头来，却又因为一个邻居的怀疑而最终落网。

SUPERFREAKONOMICS

第四章

疫苗、安全带和飓风：不一样的事情，一样的逻辑

看来毫无头绪的大难题，其解决方案竟如此令人称奇。

人们总爱抱怨，尤其喜欢拿现在和过去比，认为现在的情形是如何如何糟糕。

他们差不多总是错的。在你能想象到的几乎任何方面，例如战争、犯罪活动、收入、教育、交通、工人安全、卫生，21 世纪比以前任何时候都更适宜生存。

我们来看看分娩情形。在工业化国家中，目前婴儿出生死亡率为十万分之九；而在 100 年前，婴儿出生死亡率则是现在的 50 多倍。

当时分娩所面临的最严重的威胁，是一种往往导致产妇和婴儿双双死亡的致命疾病，叫产褥热。19 世纪 40 年代，欧洲最好的医院，例如伦敦产科总医院、巴黎产科医院、德累斯顿产科医院，都饱受这种病症的威胁。临产的孕妇到达医院时还是健康的，生产过后不久，就会莫名其妙地染上产褥热，最后死去。

或许，维也纳总医院算得上是当时最好的医院。1841—1846 年，医生接生的婴儿超过 20 000 个，大约有 2 000 名产妇死亡，死亡率为 1/10。1847 年，情形进一步恶化：死于产褥热的产妇比例已达 1/6。

就在那一年，匈牙利籍医生塞梅尔维斯成为维也纳总医院院长助理。塞梅尔维斯敏感细腻，对病人体贴入微，对他们所遭受的痛苦总能感同身受。看到产妇生产过后纷纷死去，他陷入深深的苦恼之中，于是便着了魔似的要改变这种情形。

与其他很多过于情绪化的人不同，塞梅尔维斯能够做到把感情搁置一边，集中心思分析事实，不论是已知的还是未知的。

他聪明地得出的第一个结论是，事实上医生对产褥热发生的原因一无所知。那些医生或许会说他们知道，但异常高的死亡率表明他们并不知情。我们来回顾一下过去就会发现，当时医生认为导致产褥热病的诸多“原因”，事实上都是彻头彻尾的瞎猜：

- 妊娠早期行为不当，比如穿紧身胸衣和衬裙太紧；子宫内的胎儿使排泄物流通不畅，滞留于肠内，而其中已分解腐烂的液体则融入血液之中。
- 形成乳汁的过程中产生的臭气所致；恶露郁阻；宇宙——地球磁力影响；个人体质欠佳……
- 产房的空气恶臭。
- 男医生接生，或许这玷污了产妇的贞洁，进而导致了病变。
- 受凉；饮食不当；生产之后，急于回归正常作息，从分娩室出来得太早。

耐人寻味的是，产妇死亡的原因总被归因于她们自己。这可能与一个事实有关：当时所有的医生都是男性。如今看来，19 世纪的医学似乎仍然很原始，但那时的医生地位非凡，俨然是智慧和权威的化身。然而，产褥热的肆虐却让他们一筹莫展，地位受到严峻挑战：如果是在家由产婆接生（这在当时仍很普遍），那么产妇死于产褥热的概率比在医院生产后死亡的概率小得多，不过是后者的 1/60。

当时医生都受过最好的医学训练；而如果在家里生产，产妇往往躺在凹凸不平的床垫上，由农村的产婆接生。那么，产妇在医院分娩的危险性为什么会更高呢？

为了破解这个谜题，塞梅尔维斯开始认真分析数据。在自己效力的医院收集产妇死亡率的数据后，他发现了一个非常奇怪的现象。这家医院有两种产房，其中一种产房由男医生和实习生负责，另一种则由女接生员和实习生负责。而这两种产房中的产妇死亡率非常悬殊：

表 4–1　两种产房中产妇的死亡率

年份	男医生负责的产房			女接生员负责的产房		
	出生婴儿数	死亡人数	死亡率	出生婴儿数	死亡人数	死亡率
1841	3 036	237	7.8%	2 442	86	3.5%
1842	3 287	518	15.8%	2 659	202	7.6%
1843	3 060	274	9.0%	2 739	164	6.0%
1844	3 157	260	8.2%	2 956	68	2.3%
1845	3 492	241	6.9%	3 241	66	2.0%
1846	4 010	459	11.4%	3 754	105	2.8%
总数	20 042	1 989		17 791	691	
平均死亡率			9.9%			3.9%

男医生负责的产房的死亡率是女接生员负责的产房的两倍多，这到底是为什么呢？

塞梅尔维斯想弄清楚的是，在男医生负责产房中分娩的孕妇，是否本身有严重的病情，体质更差，或是有其他方面的潜在病因。

不是，不可能是这样。临产孕妇被分配到哪种产房，这取决于她们是在一周中哪一天到达医院的，因为这两种产房以 24 小时为间隔轮流接纳临产孕妇。鉴于妊娠期是可以计算的，因此孕妇会在产期来临时去医院，而不是在其他方便的日子。这种分配方法虽然算不上是严格的随机，然而就塞梅尔维斯所要探究的问题而言，这的确暗示了一个事实：两种产房死亡率的差别，并不是由两种产房接纳临产孕妇总人数上的差异所导致的。

也许，上面所列出的一种胡乱猜测是事实：在为产妇接生的这种敏感而微妙的任务中，从某种程度上说，正是男性的在场害死了那些产妇？

塞梅尔维斯认定，这也是不太可能的。对两种产房中出生的婴儿死亡率进行分析后，他还发现了这样的事实：男医生负责的产房的婴儿死亡率比女接生员负责的产房高很多，分别为 9.9% 和 3.9%。男婴和女婴的死亡率并没有什么不同。正如塞梅尔维斯所观察到的，新生婴儿“因为男医生接生而死亡”是不太可能的。因此，认为男性在场是那些产妇死亡的原因的推断是站不住脚的。

当时还有一种推测是这样的：男医生负责的产房接纳的临产孕妇，此前听说这里的死亡率很高，所以“惊恐万分，结果导致她们也染上了这种疾病”。塞梅尔维斯也不认同这种解释：“我们可以设想一下，在杀人无数的血腥战争中，士兵也一定惧怕死亡。然而，这些士兵并没有染上产褥热。”

不可能。男医生负责的产房必定有其特殊的地方，那可能是导致产褥热病的原因。

到目前为止，塞梅尔维斯已经确认了几个事实：

- 即便在大街上分娩，随后才去医院的那些最贫穷的产妇，也没有患产褥热。
- 子宫颈扩张超过24小时的产妇，“几乎毫无例外地都染上了产褥热”。
- 医生没有因接触产妇或新生婴儿而染上疾病，因此，几乎可以肯定的是这种病不具有传染性。

然而，他仍然困惑不已。“一切因素都得考虑，一切都难以解释，一切都令人生疑。”他这样写道，“唯有一个事实不容置疑，那就是为数众多的死亡人数。”

一个悲剧发生后，他终于找到了答案。塞梅尔维斯所推崇的一位老教授，在一次不幸的医学事故发生后很快就去世了。当时，老教授带着一个学生做尸体解剖实验，突然那个学生的手术刀滑了一下，伤着了老教授的手指。塞梅尔维斯注意到，老教授死前的诸多症状，例如胸膜炎、心包炎、腹膜炎及脑膜炎，“与数百例患产褥热的产妇死前的症状相似”。

教授的死因不是什么难解之谜。他死于“已进入他血管系统的死尸粒子”（cadaverous particle），塞梅尔维斯这样写道。那些死去的产妇，是否也有这种死尸粒子进入了血管系统呢？

当然！

那个时期，维也纳总医院和其他一流的医学院，都日益专注于研究解剖学，基本教学手段就是尸体解剖。对于需要了解疾病大致情况的医学院学生而言，有什么比用双手拿起衰竭的器官密切观察，进而在血液、尿液或胆汁中找出蛛丝马迹更好的方法吗？在维也纳总医院，每一个死去的病人，包括死于产褥热的产妇，都被直接送往解剖室。

离开解剖室后，医生和学生往往直接去了产房，至多洗一下手而已。要知道，直到此后10年或20年，医学界才接受细菌理论。后来的细菌理论证实，很多疾病是活着的微生物引起的，而不是动物神灵、陈腐的空气，也不是腹带太紧所致。在当时，塞梅尔维斯弄明白了这其中的缘由。引发产妇产褥热的罪魁祸首正是医生，因为是他们将死尸粒子带给了产妇。

这解释了男医生负责的产房的死亡率比女接生员负责的产房的死亡率高得多的事实。同样，男医生负责的产房的死亡率为什么比在家中甚至在大街上分娩更高？为什么子宫颈扩张时间越长，产妇就越容易患上产褥热？这一切都有了合理的解释。子宫颈扩张时间越长，这个产妇就越是需要医生和学生助产，而伸进（可能伤及）子宫的那只手，因为刚做过解剖实验，还留存有死尸粒子。

“我们中没有一个人知道，”塞梅尔维斯后来懊悔地说，“正是我们自己导致了无数人的死亡。”

得益于他的发现，这场瘟疫终于得到控制。他命令所有医生和学生，做完尸体解剖手术后双手都必须用含氯消毒水消毒。男医生负责的产房的死亡率大幅下降，降至 1%。在此后的 12 个月中，塞梅尔维斯实施的措施，挽救了 300 位母亲和 250 个婴儿的生命，这仅仅是一家医院的一个产房所挽救的生命总数。

《劳动法》也会损害劳动者

我们前面提到过，非预期后果法则是影响最大的客观存在的法则之一。举个例子，政府往往会出台相关立法，旨在保护最容易受到伤害的被监护人，但法规的实施却又正好伤害了其保护对象。

我们来看看《美国残疾人法》(*Americans with Disabilities*)。这是一部旨在保护残疾工人免受歧视的法律。意图高尚，对吗？绝对是。但是，有关数据充分表明，法律的实施却导致了美国残疾人的就业岗位越来越少。为什么呢？《美国残疾人法》正式实施后，雇主十分担心自己不能约束和管制那些表现不好的残疾工人，也不能随意解雇，所以他们就选择不再雇用残疾人。

《濒危物种法》的实施也产生了类似的副作用。当土地所有者担心他们的地产将成为濒危物种（甚或将来的濒危物种）的理想栖身之所时，他们就会急着砍伐自己土地上的树木，使之不再适于动物栖身。最近几年来，成为土地所有者这种“怪招”受害物种的，就包括赤褐倭鸺鹠和红顶啄木鸟。有些环境经济学家认为："《濒危物种法》的实施实际上正在危及这些物种，而不是起到了保护作用。"

政治家有时也会以经济学家的方式思考问题，用金钱鼓励人们多做好事。近年来，很多政府开始根据处理的垃圾量收费。他们认为，如果人们要为自己造的每一袋垃圾付钱，那么人们就会少制造垃圾。

但是，这种新的收费方式也会使人们产生另一种动机：将垃圾袋塞得更满（现在人所共知的一种策略），或把垃圾倒进树林里（在弗吉尼亚州的夏洛维茨尔镇，不少人就是这么干的）。在德国，为了避免缴纳垃圾税，有些人就会把剩菜剩饭倒进马桶冲掉，结果导致老鼠大量出没于下水道。爱尔兰开征新的垃圾税后，将垃圾埋在后院的现象开始激增，这不仅导致环境污染，还对公共卫生极为不利：都柏林的圣詹姆斯医院的记录表明，将垃圾埋在后院、结果"危害自身"的病人数量，几乎是原来的3倍。

数千年来，出于好意实施的法律，总在产生有违初衷的结果。记载于《圣经》中的一条犹太法典，要求债权人在每个安息年（也就是第七年）赦免债务人的所有债务。债权人单方面赦免债务，这对债务人产生的强大诱惑力，我们无论怎么形容都不过分，因为如果不赦免债务人的债务，债务人逾期不还钱，会受到极其严厉的惩罚：债权人甚至可以将债务人的孩子作为奴隶带走。

不过呢，如果你就是债权人，那么你所站的立场就会不同了。如果某个鞋匠可以在安息年把借条撕掉，那么为什么要借钱给他呢？

于是，债权人便钻法律的空子，待安息年一结束就往外放贷，并在第五年或第六年捂紧钱口袋，结果造成周期性信贷紧缩危机，借款人为此陷入困境，旨在帮助穷人的法律所起的作用适得其反。

然而，虽然历史上非预期后果比比皆是，但没有几个例子可与塞梅尔维斯的发现相提并论：医生在追求救死扶伤的医学道路上，开展了数千例的解剖实验，结果这些解剖实验却又导致了成千上万的人丧命。

当然，令人欣慰的是，经过出色的数据分析，塞梅尔维斯最终找到了如何结束这场灾难的方法。塞梅尔维斯找到的解决方案即医生洗手时喷洒点含氯消毒剂，这简直是匪夷所思的简单，成本令人惊讶的低廉。在一个物质富足的当今世界，采用简单、成本低廉的解决方法，有时会遭到无端的指责；有鉴于此，我们要在本章中为之辩护。

在分娩领域，我们还有个可能让人啼笑皆非的案例，说服力极强——医用钳子。产妇生产时，如果胎儿足位或臀部先出，那么胎儿卡在子宫颈中的概率是很高的，在这种情况下，胎儿和产妇都会面临极大的生命危险。有了医用钳子，普普通通的金属制成的钳子，医生或助产士就可以让胎儿在子宫内转位，随后熟练地将胎儿从子宫中拉出来——头部先出，就像从炉子里把烤乳猪弄出来一样。

是的，这种钳子用起来十分有效，本该能挽救许多生命，但实际上却没有。据说，医用钳子是 17 世纪初叶伦敦的一个妇产科医生发明的，他的名字是彼特 · 钱伯伦（Peter Chamberlen）。医用钳子非常好用，结果钱伯伦固守这个秘密，不予公开，只在家族事业中使用。直到 18 世纪中叶，医用钳子才在医学界得到广泛使用。

保守这项技术秘密造成的代价有多大？根据外科医生兼作家阿图尔·葛文德（Atul Gawande）的说法，“肯定导致了数百万人死亡”。

硝酸铵养活了整个世界？

最令人叫绝的一点就在于，成本低廉的简单方案往往能解决那些看似无解的问题。毫无疑问，新的塞梅尔维斯或塞梅尔维斯团队又会出现，并将引领我们走出许多困境。这样的例子在历史上不胜枚举。

在基督时代的早期，也就是在 2 000 多年前，我们地球上的总人口大约为 2 亿。到 1000 年时，总人口仅仅增长到 3 亿。即使到了 1750 年，总人口也才为 8 亿。饥荒是一个社会问题，智者声称这个星球可能无法再承受更大、更快的发展。英格兰的人口一直在减少，有位历史学家是这样写的，“从根本上说，这是因为农业没能同步发展，无法养活不断增多的人口。”

历史的车轮行进到了农业革命时期。各种各样的简单创新，包括发现高产农作物、发明更好用的农具、更有效地使用资金等，都改变了农业耕种的方式，进而改变了地球的面貌。18 世纪末叶的美国，“要养活美国全部人口并仍有富余粮食出口的话，那么每 20 个人中就得有 19 个人从事农业活动。”经济学家米尔顿·弗里德曼如此写道。而 200 年以后，虽然美国人口更多，但要养活他们，同时使美国成为“全球最大的粮食出口国”，每 20 个人中只需 1 个人从事农业活动就够了。

农业革命解放了数以百万计的劳动力，于是他们得以抽身转战其他领域，随后又推动了工业革命的进程。1850年，全球人口规模已增至13亿；1900年，增至17亿；1950年，已达26亿。此后，人口真的可以说是在爆炸性地增长。此后50年中，全球人口规模已翻一番，远远超过了60亿的关口。如果你一定要找出此番人口激增的原因，那就是硝酸铵。这是一种便宜得惊人却又十分有效的化肥。如果我们说是硝酸铵养活了整个世界，这并不是在夸大其词。农业经济学家韦尔·马斯特斯（Will Masters）说过，如果硝酸铵一夜之间便消失得无影无踪，“那么，大多数人只能回归吃谷物和块根农作物的年代，而肉类和水果只有富人才能享受得起，而且只有在特殊的日子人们才能尝一尝”。

从捕鲸到石油开采

我们来看看鲸。从远古开始，人类就开始捕鲸，到19世纪，捕鲸收获的经济利益巨大，这让美国成为野心勃勃、干劲十足的强国。鲸遍体都是宝，都可以为人类所用，从这个意义上说，鲸成了满足快速发展的美国需求的“一站式购物广场”，用于生产颜料和清漆、纺织品和皮革、蜡烛和肥皂、衣服，当然还有食物（鲸的舌头尤其是难得的美食）。优雅女士尤其钟爱鲸，因为鲸油和鲸骨等可用来制造紧身衣、项链、遮阳伞、香水、梳子和红布染料（红布染料除了从鲸身上提取外，还来自鲸的排泄物）。来自鲸的所有产品中，鲸油的价值是最高的，不仅可以用作机械设备的润滑油，还能用作灯油。《海中巨兽》（*Leviathan*）的作者埃里克·杰伊·多林（Eric Jay Dolin），曾在他的书中写道："美国鲸油照亮了世界。"

全球各地的捕鲸船只有900艘，游弋在四大洋中寻找目标，其中美国捕鲸船只为735艘。1835—1872年，全球的捕鲸船只捕获了大约30万条鲸，算下来，平均每年收获7 700多条。在运气好的年份，捕鲸所得的鲸油和鲸须（像骨头一样的"牙齿"）就能卖得1 000多万美元，相当于现在的2亿美元左右。捕鲸是一项极其危险的艰难工作，但这竟然是美国的第五大产业，7万名劳动力从事这一行业。

随后，看似取之不竭的资源——非常快，反思过后，其实也是显而易见的——逐渐枯竭了。鲸已经很少了，而捕鲸船只太多了。要在以前，一艘捕鲸船要满载鲸油而归，只要在海上漂泊一年，而现在则需要辛苦地干上四年。鲸油价格随之猛涨，整个经济受到巨大影响。这一庞大的产业曾被视为那种"越大越不会垮"的产业，然而如今看来，捕鲸业确确实实地垮掉了，并对美国造成了较大的冲击。

也正是这个时候，一位名为埃德温·德雷克（Edwin Drake）的退休铁路工人，开始采用蒸汽发动机为钻机提供动力，在宾夕法尼亚州泰特斯韦尔深达70英尺的岩页和基岩钻孔。他发现了石油，由此未来一片光明。如今，我们发现美国地下蕴藏着如此丰富的能源，只等我们把它们开采。反观过去，我们要在大海中追逐海洋巨兽，捕杀它们，还要开肠破肚，运气不好会丢胳膊断手，甚至还有可能送命。为什么不放弃捕鲸呢？

石油不仅开采成本低，还与鲸一样具有多种用途。可用作灯油、润滑剂，也可用作汽车和住房供热的燃料；可加工处理后制成塑料，甚至还能成为尼龙袜的原料。新兴的石油产业也为那些从捕鲸业中退下的劳动力提供了大量的工作岗位，而且出人意料的是，这个产业早就起到了《濒危物种法》的作用：可以拯救那些濒临灭绝的鲸。

没有什么医疗手段比疫苗更简单

到 20 世纪早期，大多数传染性疾病（例如天花、白喉等）已逐渐绝迹。然而，脊髓灰质炎（俗称小儿麻痹症）却拒绝缴械投降。

我们很难弄出一种比脊髓灰质炎更令人恐惧的疾病出来。“这种病无法预防，没法治愈。全世界每个地方的小孩，都可能染上这种病。”因撰写《脊髓灰质炎在美国》（*Polio: An American Story*）而荣获普利策奖的作家大卫 · M · 奥新斯基（David M. Oshinsky）这样说，“孩子得了这种病意味着，父母会担惊受怕，惶惶不可终日。”

脊髓灰质炎也是一个难解之谜，病例总在夏天激增，原因不明。（有关脊髓灰质炎的染病原因，有个众所周知的误解。有些研究人员怀疑是夏天吃冰激凌太多，从而引发了脊髓灰质炎。）起初，人们认为贫民区的移民小孩，尤其是男孩，容易得这种病，但后来发现女孩也会患这种病，而且生活在绿树成荫、枝叶繁茂的郊区的富人小孩也不例外。就连罗斯福总统竟然也患上了这种病，他住的地方可离贫民窟十分遥远，而且当时已 39 岁，绝不在什么孩童期了。

脊髓灰质炎每爆发一次，就会引起新一轮的隔离措施及恐慌的蔓延。父母会让他们的孩子远离朋友、游泳池、公园及图书馆。1916 年，美国历史上最严重的脊髓灰质炎疫情在纽约爆发。在被报告的 8 900 个病例中，有 2 400 人死亡，其中大多数都是 5 岁以下的儿童。这种疾病来势汹汹，一路高歌猛进。1952 年是迄今为止疫情最严重的一年，美国报告的病例为 57 000 例，其中 3 000 人死亡，21 000 人终身瘫痪。

从严重脊髓灰质炎病症中捡回性命的，实际上比死亡好不了多少。有些受害者失去了双腿，终其一生活在苦痛中。那些患有呼吸麻痹的受害者，事实上是依靠“铁肺”存活，那是一种替代衰竭胸肌工作的体积庞大的机器。存活的脊髓灰质炎受害者群体，在其成长过程中花费的医护成本之高，令人咋舌。“在那时，拥有医疗保险的美国家庭还不到 10%。”奥新斯基写道，“一个脊髓灰质炎患者的护理费用（每年大约 900 美元），事实上超过了人们的平均年薪（875 美元）。”

之后，作为两次世界大战的胜利者，美国成为全球实力最强大的国家，前途一片光明。然而人们有理由担心，仅此一种疾病在未来就会耗费较大比例的医疗护理预算，从而严重拖累这个国家。

随后，一种疫苗，实际上是一系列的疫苗被研发出来了，脊髓灰质炎疫情被有效控制住。

如果我们将脊髓灰质炎疫苗称为一种“简单”的解决方案，这似乎低估了相关人员所做的贡献，他们曾为遏制脊髓灰质炎蔓延不知疲倦地忘我工作：医学研究人员，其中乔纳斯 · 索尔克、阿尔伯特·萨宾的贡献尤其突出；筹集资金的志愿者奥新斯基写道，出生缺陷基金会是“美国迄今为止最大的慈善军团”。当然，我们也不能忘记为医学献身的其他动物（成千上万只猴子被运送到美国，接受疫苗测试）。

从另一个角度来看，没有什么其他医疗手段比疫苗来得更简单。我们来看看战胜疾病的两种手段。

第一种，疾病一出现便研究出一种治疗手段或发明一项技术，从而达到治疗疾病的目的（例如开胸手术）。这种方式的成本往往非常高昂。

第二种，在疾病大规模爆发之前研制出一种药物，从而达到预防疾病的目的。从长远来看，这种方式的成本往往非常低廉。

医疗护理研究人员估算过，如果当时脊髓灰质炎疫苗没被研制出来，那么目前美国脊髓灰质炎患者将至少达到25万人，每年在这方面的医疗支出至少达300亿美元。而且，这还根本就没有将“病人饱受折磨、死亡及恐惧心理等无形成本”计算在内。

脊髓灰质炎疫苗是既便宜又简单的解决办法，堪称经典案例，然而这类例子之多，不胜枚举。治疗溃疡的新型药物，减少了大约60%的手术治疗；后来研制出的治疗溃疡的更便宜的药物，则每年为溃疡患者节省了大约8亿美元的费用。医学界用锂治疗躁狂抑郁性精神病的头25年，大约就节省了1 500亿美元的住院费用。即使只是简单地在自来水中加氟，每年也能减少大约100亿美元的牙齿治疗费用。

我们此前提到过，过去几十年来，心脏病死亡率已大幅下降。可以肯定，移植术、血管成形术及支架术这类昂贵的治疗手段功不可没，对吧？

事实并非如此：这类治疗方案在心脏病死亡率下降中发挥的作用之小，可以说是令人吃惊的。心脏病死亡率下降，一半要归功于高胆固醇和高血压这类危险因素的减少，因为这两者的治疗药物都相对较为便宜。导致心脏病死亡率下降的其他原因，则是某些极其便宜的药品发挥的作用，例如阿司匹林、肝素、血管紧张素转化酶抑制剂及β-受体阻滞剂。

安全带有多安全？

20 世纪 50 年代初期，自驾游在美国极为风行，美国道路上行驶的汽车总数大约为 4 000 万辆。1952 年 1 月，全美汽车经销商协会召开了第 35 届年度大会。在这次大会上，百路驰轮胎公司的一位副总裁，却发出了舒适驾车的年代即告终结的警告："如果交通事故死亡率持续上升，那么这将严重影响汽车销量，因为很多人将不再开车。"

1950 年，美国死于交通事故的总人数大约为 4 万。这个数字大约与目前死于车祸的人数差不多，但是这种简单的数字对比极易产生误导作用，因为过去汽车行驶里程比现在要少得多。例如，1950 年每英里的死亡率是现在的 5 倍多。

那么，那时的死亡率为什么这么高呢？原因有很多，例如汽车质量缺陷、公路质量差、司机粗心大意。然而，有关汽车相撞的机械力学问题，人们知道的并不多，汽车行业也从未认真调查过这一问题。

让我们关注一下罗伯特·斯特兰奇·麦克纳马拉。今天，他在人们心目中的形象，就是越战时遭人唾骂的美国国防部长。麦克纳马拉被人妖魔化的一个原因就在于，他往往根据统计分析，而不是情感或政治考量来做决策。换言之，他的行为方式很像经济学家。

这绝非偶然。起先他在加州大学伯克利分校就读，后又继续在哈佛商学院深造，随后留校任教，成为一位年轻的会计学教授。“二战”爆发后，他投笔从戎，因为在统计分析方面才能出众，最终被调进了陆军航空队所属的统计管制处。

他领导的团队以数据为武器来打仗。举个例子，他们发现，从英格兰起飞飞临德国上空执行任务的美国轰炸机，出动架次取消率出奇的高，大约占 20%。对于为什么没能飞抵目标上空，轰炸机飞行员给出了各种各样的理由：电子系统故障、电台信号时断时续或身体不适。然而，经过对数据的缜密分析之后，麦克纳马拉认定，他们简直就是在“胡扯”，真正的原因是恐惧。“因为大多数飞行员在执行轰炸任务时都会牺牲，他们知道这点，于是便找借口不飞临空袭目标上空。”

麦克纳马拉将这个发现上报给指挥官，也就是那个众所周知的刚愎自用的柯蒂斯·勒梅（Curtis LeMay）。对此，他的回应是身先士卒，亲自驾驶轰炸机编队的引航机，带队执行轰炸任务，发誓要将胆敢“掉”头鼠窜的驾驶员送交军事法庭处置。麦克纳马拉说，出动架次取消率“一夜之间急剧下降”。

战争结束后，福特公司邀请麦克纳马拉和他的团队成员加入，希望他们将统计分析绝技应用于汽车行业。麦克纳马拉原想返回哈佛大学任教，但是他和他的妻子两个人都欠下了大量的医疗费，其中就包括治疗脊髓灰质炎的开支。因此，他接受了福特公司的工作邀请。不论从传统的何种意义上说，他都不是一个“汽车人”，然而他在公司却迅速脱颖而出，进入了高层。一位史学家后来写道：“他为一些全新的理念而着迷，例如汽车安全、燃油节省及基本用途。”

麦克纳马拉尤其关注汽车事故致死和伤人问题。于是，他问那些“汽车人”这个问题产生的原因是什么。他得到的回答是，没有什么统计数据可用来分析这个问题。

当时，康奈尔大学有些航空研究人员正设法防止飞机致死问题，于是麦克纳马拉聘请他们调查汽车相撞事故。在康奈尔大学的住宅公寓里，他们将人类的头盖骨用不同的材料包起来，然后沿楼梯井扔下去。实验结果表明，人类头盖骨根本就撞不过汽车内部所用的坚硬材料。“在汽车相撞事故中，司机身体往往都被方向盘给刺穿了。”麦克纳马拉说，“乘客受伤则往往因为撞上了挡风玻璃、横梁或仪表盘。”于是，麦克纳马拉规定，新出厂的福特车型要配备更安全的方向盘，仪表盘也要加装衬垫。

他意识到，最佳的解决方法也是最简单的。发生事故时，既然乘客整个人会被猛烈地掀起来，随后头部就会撞在车上某个部位。如果不让乘客被抛起来，岂不更好？麦克纳马拉想，飞机都配有座椅安全带，汽车为什么不能配呢？

“我估计过佩戴安全带每年可以减少的死亡人数，数字非常大。”他说，“而且，花费很少，佩戴安全带也没有什么不适。”

麦克纳马拉要求，福特出产的所有汽车都配装安全带。“我飞到得克萨斯，去参观一个组装厂。”他回忆说，“当时是组装厂的那位经理在机场接我的。上汽车后，我系好安全带，然后他说：‘怎么回事，对我的技术不放心？’”

事实证明，那位经理的反应折射出了大家对座椅安全带的普遍看法。在麦克纳马拉的老板看来，安全带“用起来不方便，还增加成本，不过是毫无作用的带子”。抱怨归抱怨，他们最终还是支持他的计划，同意在福特新车型中配装安全带。

麦克纳马拉当然是对的：座椅安全带最终挽救了很多条生命。但是，这里的关键词是“最终”。

这位才华横溢的理性主义者遭遇了强大的阻力，因为有关人性的一个重要观点就是改变行为是很难的。他感到心灰意冷。没错，面对一个亟待解决的问题，聪明的工程师、经济学家、政治家或父母，是可能想出成本低廉、简单可行的解决方法的。然而，如果这种方法要求人们改变行为方式，那么它可能就难以奏效了。每天，全球数以亿计的人，都在继续固守某种行为方式，虽然明知那些行为对他们有害，例如吸烟、赌博、骑摩托车不戴头盔。

为什么呢？因为他们就想这么着！他们或许从中获得了乐趣、刺激，或仅仅是从单调的日常生活中解脱出来，放松一下。因此，即使你说得再有道理，跟他们争得面红耳赤，要想让他们改变行为方式也是十分困难的。

座椅安全带的情形正是如此。20 世纪 60 年代中期，美国国会开始制定国家安全标准，但过了 15 年，汽车座椅安全带的使用率仍然非常低，不过 11%。可笑可叹！后来，得益于多种因素的影响，使用率才逐渐上升。例如，不系安全带，司机会收到交通告票；耗资巨大的交通安全意识宣传活动；安全带没扣上，汽车就会发出烦人的警告声，仪表盘上的灯就会不停闪烁。社会逐渐认同了这个事实：扣上安全带并不意味着对司机的侮辱——怀疑其驾驶技术。20 世纪 80 年代中期，汽车座椅安全带的使用率升至 21%；1990 年，升至 49%；20 世纪 90 年代中期，升至 61%；如今，使用率已超过 80%。

美国汽车交通事故的每英里致死率降幅如此之大，其中一个主要原因正在于此。使用安全带将死亡危险降低了 70%；自 1975 年以来，安全带已挽救了大约 25 万条生命。今天，交通事故每年夺走的生命仍然高达 4 万条，但是相对而言，驾车已全然没有过去那么危险了。如今交通致死人数如此之多的原因在于，太多的美国人在汽车上度过了如此之多的时间，每年驾车的里程数大约为 3 万亿英里。换算一下，即驾车每行驶 7 500 万英里的路程，就会有一人死于车祸，或者也可以用另一种方式来表述：如果一个人每天以每小时 30 英里的速度驾车，24 小时不停歇，那么这样连续开上 285 年，就会死于一次车祸。在非洲、亚洲和中东的很多国家，安全带的使用还远没有普及，与这些国家的交通事故致死率相比，在美国驾车的危险系数比你坐在沙发上遭遇意外事故的危险系数高不了多少。

而且，大约25美元一个的安全带，是研发出的所有救命装置中性价比最高的一种产品。在某个确定的年份，给美国所有汽车配装安全带大约要花5亿美元，这意味着每挽救一条生命的成本大约是3万美元。我们如何将安全带与其他复杂的安全产品（例如充气气囊）做比较呢？配装充气气囊，每年要花40多亿美元，也就是说每挽救一条生命为此付出的成本为180万美元。

2009年7月，罗伯特·麦克纳马拉与世长辞，享年93岁。在他离世的前不久，他还告诉我们，他仍然希望安全带使用率达到100%。“很多女性往往不用斜跨式安全带，因为她们扣上后觉得不舒服，这种安全带在设计时并没有考虑女性乳房的舒适度。”他说，“其实不用太费心思，就可以设计出使用更舒服的安全带，进而提高使用率。”

他对女性使用安全带的看法，可能对，也可能不对。但是毫无疑问的一点是，安全带在设计上的考虑不周，的确影响了一个群体——儿童。

儿童座椅的安全效应

有时候，年龄小、未成年的身份是占尽优势的。当一个四口之家驾车外出时，小孩通常都被父母安排在汽车后座，而父母则坐正副驾驶座。小孩子不知道的是，他们比父母幸运：如果发生汽车相撞事故，坐后座要比坐前座安全多了。不仅如此，小孩比父母幸运的地方还在于，发生车祸时，如果父母坐在前排，因为更重、体形更大，所以也就更容易在外力的作用下猛烈地撞上某个坚硬的东西。因为小孩是需要保护的未成年人，所以父母把他们安置在后座。可是，当仅有父母两人驾车外出时，如果其中一人坐后排，而把另一个留在前排的“烈士”座位上，这难免有点说不过去。

如今，座椅安全带已经是所有汽车后座的标准配置。然而，安全带是针对成人而不是小孩设计的。如果你设法给你的 3 岁宝宝系上安全带，那么腰带就非常松，而肩带则会压住小孩的颈部、鼻子或眉心，而没有跨在肩部。

幸运的是，我们生活在一个珍视、保护儿童的世界中，上述问题的解决方案已经找到了：儿童安全座椅，也就我们通常所说的儿童座椅。20 世纪 60 年代投放市场时，起初只有那些最担心孩子安全的父母如遇珍宝般地喜爱这玩意儿。在医生、交通安全专家及儿童座椅制造商的大力倡导下，儿童座椅的普及率逐渐上升，最后政府也加入进来号召人们使用。1978—1985 年，美国各州都出台了相关法律，规定小孩坐车时没被固定在通过美国政府撞击测试标准的儿童座椅上的做法，都是违法的。

过去，机动车交通事故是导致美国儿童死亡的主要元凶；如今，情形依然如故，但是儿童死亡率已大幅下滑，这主要是儿童座椅的功劳。

当然，安全不是免费获得的。美国人一年购买了 400 万个儿童座椅，花掉了 3 亿多美元。一个小孩，在其成长过程中，往往就会用到三种不同的座椅：婴儿用面朝后座椅；1—3 岁孩童用更大一点的面朝前座椅；3 岁以上儿童用增高型座椅。此外，如果这个孩子还有兄弟姐妹的话，那么他的父母可能就得购置一辆SUV或轿厢车，因为要同时放几个儿童座椅的话，只有这类车才够宽敞。

儿童座椅方案也没有大多数人想象的那么简单。座椅的零部件（包括带子、绳子、基座）是由数十个厂家生产的，而由其中一家组装，这个座椅必须与汽车已配装的安全带组合好，固定到合适位置。汽车后座的造型本身就因为厂家不同而各有差别，所以座椅配装的安全带也互不相同。此外，汽车安全带的设计初衷是用来“固定”成年人的，而不是捆绑体积这么小的塑料方块。根据美国国家高速公路交通安全管理局的数据，80%以上的儿童座椅安装不当。众多父母不辞辛苦地赶到当地警局或消防站，寻求儿童座椅的安装方法，原因就在这里。同样，美国国家高速公路交通安全管理局为警员提供培训，讲授全国统一的儿童乘客安全课程，为期 4 天，培训资料厚达 345 页，教授他们如何正确安装儿童座椅，也正是基于上述原因。

虽然儿童座椅既不简单，成本也不低廉，谁又在乎呢？并不是每种产品都有我们想象中的那样棒。让警员花 4 天时间，去掌握如何安装如此重要的安全设备，这难道不值得吗？真正重要的是儿童座椅是否有用，能否挽救儿童的生命。根据美国国家高速公路交通安全管理局的资料，儿童座椅的确有效，对于 1—4 岁的孩子，其致命危险下降了 54%，降幅极大。

好奇的父母可能会问：54%的降幅是怎么得出的？

在美国国家高速公路交通安全管理局的网站上，很容易找到答案。这个机构拥有极具价值的官方数据，即死亡事故分析报告系统（Fatality Analysis Reporting System），是警局自1975年以来报告的美国所有致死车祸的数据汇编。这个系统记录了你能想象到的所有数据——事故所涉汽车的类型和数量、速度、星期几、乘客所坐的位置，还包括乘客是否使用安全设备。

调查结果发现，使用儿童座椅的孩子比完全没有任何设备保护——根本没用儿童座椅，没扣上安全带，什么措施也没采取——的乘车小孩，在交通事故中致死的概率低54%。这就说得通了，汽车相撞是非常猛烈的，血肉之躯坐在高速行驶的厚重金属物体中，而当这个金属物体刹那间停下来时，可想而知肉体会遭遇多么可怕的撞击。

可以说，复杂、成本高的新方案（儿童座椅）比简单、便宜的旧方案（安全带，设计初衷并不是针对儿童）好，但是到底好多少呢？

对于两岁以下的小孩来说，安全带完全派不上用场。孩子个儿太小了，因此儿童座椅是将他们固定起来的最佳实用方式。那么，其他年龄的儿童又是什么情形呢？美国各州的法律各有不同，但大体来说，六七岁以下的儿童乘车必须使用儿童座椅。儿童座椅给这些儿童到底带来了多大的益处呢？

快速浏览一下30年来的死亡事故分析报告系统的原始数据，你会发现一个令人大跌眼镜的结果。就两岁以上（包括两岁）的儿童而言，在致死的汽车相撞事故中，使用儿童座椅与佩戴安全带的儿童的死亡率几乎一样：

表 4–2　使用儿童座椅与佩戴安全带的儿童在事故中的死亡率

安全方式	事故	死亡人数	儿童死亡率
儿童座椅	6 385	1 241	18.2%
成人安全带	9 664	1 750	18.1%

之所以如此，或许是这些数据具有误导性；或许使用儿童座椅的儿童遭遇的车祸更为可怕，或许他们的父母经常夜间开车，或路程更危险，又或者是因为车况不太好。

然而，即使用最缜密的经济计量分析方法分析死亡事故分析报告系统中的数据，我们得到的结果还是一样。不论近期还是更为久远的交通事故，不论是宽敞的还是小型的汽车，不论是单车车祸还是多车相撞事故，均没有证据表明，在挽救两岁以上（包括两岁）的儿童生命方面，儿童座椅的表现比安全带更好。在一些汽车相撞事故中，比如追尾事故，儿童座椅的表现实际上还略微糟糕一点。

因此，问题的症结可能在于，正如美国国家高速公路交通安全管理局所承认的，太多儿童座椅的安装都存在问题。（或许你会认为，适合 4 岁小孩的安全装置，竟然只有 20% 的父母会正确安装，那么这种座椅从一开始就不能算是一种极好的安全设备；与儿童座椅的安全性相比，印度人用的避孕套似乎可以说是极为安全而可靠了。）或许，儿童座椅的确是一种神奇的设备，只是我们没有学会如何合理使用罢了，是这样吗？

为了回答这个问题，我们开始用心寻找汽车撞击测试数据，试图对儿童座椅和安全带做一番比较。你或许认为这些数据不难找到。投放市场的每个儿童座椅，都是撞击测试达标后才获准上市的。然而，儿童座椅研发人员几乎没有就儿童体形大小做过事故模拟测试。因此，我们决定自己做。

我们的测试计划很简单，将启动两轮撞击测试。撞击测试模拟速度 30 迈的汽车正面相撞的情形。第一轮测试中，首先将 3 岁儿童体形的人体模型固定在儿童座椅上做测试，接着将同样的人体模型扣上安全带（腰带和肩带并用）做测试。第二轮测试中，首先将 6 岁儿童体形的人体模型固定在增高型儿童座椅上测试，接着将同样的人体模型扣上安全带（腰带和肩带并用）做测试。

找到一家愿意做这个测试的撞击测试实验室，我们可是颇费周折，尽管我们愿意为此支付 3 000 美元。（嘿，进行科学实验也是要付出代价的。）全美只要看起来能做这个实验的机构，通通拒绝与我们合作，但是最后我们终于找到了一家收费机构。然而，这家机构的主任告诉我，不要透露这个实验室的名字，因为儿童座椅是他们实验室的核心课题，他担心儿童座椅生产厂家会终止与他们的业务联系。不过呢，他说自己是“科学实验迷”，因此也期待实验结果。

飞到这个不便透露名字的地方后，我们在玩具反斗城购买了一些新的儿童座椅，随后便驱车前往实验室。然而，当值班工程师听我们讲了要做的实验详情后，他表示拒绝参与。他说：这是一个白痴实验，毫无疑问，儿童座椅的表现会更好；如果用他们实验室价格不菲的仿真人体模型做测试，将之固定在安全带（腰带和肩带并用）中，撞击冲击力十之八九会将模型撕成碎片。

居然有人担心撞击测试会损毁仿真人体模型，这听起来十分搞笑。难道仿真模型不就是用来做撞击测试的吗？然而，当我们表示如果固定在安全带中的模型被损毁，我们会予以补偿，那个工程师就着手干了起来，尽管仍抱怨个不停。

实验室的模拟条件很好，儿童座椅可以在测试中表现出最佳性能。儿童座椅被安全带稳妥地固定在旧式的长椅后座。可以料想在固定座椅方面，经验丰富的撞击测试工程师可要比普通父母娴熟得多。

从头到尾，整个任务烦琐、折磨人，令人不堪忍受。人体仿真模型身着短裤、T恤和运动鞋，在头部和胸部受到的撞击力时，一大堆乱七八糟缠绕在一起的金属线从模型身体里钻出来。

首先做第一组测试，针对3岁儿童大小的模型，一个使用儿童座椅，另一个佩戴汽车标配安全带（腰带和肩带并用）。只听“砰”的一声，风动碰撞滑车瞬时就加速跑了起来。在第一时间，你无法看到什么结果（令我们大松一口气的是，固定在安全带中的仿真模型并没有四分五裂）。然而，当以超慢速回放整个过程时，你看到的是仿真模型的头、双腿及胳膊都向前撞去，手指在空中乱舞，接着头又反弹回来。接着继续做针对6岁儿童大小模型的第二组测试。

没用几分钟，我们就有了结果：成人用安全带通过撞击测试完全达标。根据测试所得的头部及胸部撞击强度数据，不论是使用儿童座椅，还是佩戴标配安全带，小孩都不太可能在这种强度的撞击事故中受伤。

那么，老式安全带的可靠性到底有多大呢？

相对于儿童座椅的各项保护标准，老式安全带都一路领先。我们可以这样设想一下：如果我们把安全带实验结果提交给美国政府，并告诉他们，这份数据来自我们最新、最棒的儿童座椅实验，鉴于儿童座椅与罗伯特·麦克纳马拉在20世纪50年代大力推广使用的尼龙安全带功能一样，可以想见，儿童座椅就能轻松获得政府批准。既然普通的老式安全带就能达到政府就儿童座椅规定的安全标准，或许，反过来看，儿童座椅生产厂家生产的产品没能胜过汽车标配安全带，这就不那么令人吃惊了。让人感叹，但并不奇怪。

大家可以想见，因为我们并不欣赏儿童座椅，这个事实让我们成为绝对少数派。（如果我们两人没有养育6个孩子的话，我们完全可能被贴上“讨厌孩子的主儿”这类标签。）对我们发起强有力挑战的一种观点，被称为“安全带综合征”。一组知名的儿童安全研究人员警告说，撞击测试用人体模型通常没装传感器，所以无法准确测试颈部和腹部的受损强度；而在车祸发生时，安全带会对儿童造成极为严重的伤害，其说法之恐怖类似于急诊室中令人毛骨悚然的案例。这些研究者的数据来自对车祸受伤儿童的访谈，得出的结论是，较之于汽车标配安全带，增高型儿童座椅大大降低了儿童的受伤率，降幅大约为60%。

可以肯定，这些研究者是出于好意，其中很多人还十分关心受伤儿童。但问题是，他们的观点对吗？

基于多种不同的原因，采访父母并不是获得可靠数据的理想方法。因为车祸的缘故，父母可能受到极大的心理创伤，因而可能会记错事发细节。还有个问题就是，父母不一定就是在讲真话，他们是研究人员从保险公司的资料库里找寻的。想想看，如果你承认孩子在车祸事发时没有系安全带，或许你会感到很大的社会压力（或者，你认为保险公司会因此提高保险费率，从而你就会面临财务压力），所以你会说，你的小孩使用了安全设备。警局的事故报告会说明发生车祸的汽车中是否有儿童座椅，所以撒谎就不太容易。但是每个汽车后座都配有安全带，因此即使你的孩子在事发时并没有系安全带，你也可能说他系了，而其他任何人想要证明他没系都很难。

除了通过对父母进行访谈获得数据外，还有没有其他数据来源可供利用，进而帮助我们回答有关儿童受伤方面的重大问题呢？

死亡事故分析报告系统的数据没用，因为该系统只统计致死事故的数据。然而我们的确找到了另外三个数据来源，覆盖了所有汽车相撞事故的数据。一个是全美范围的抽样数据库，其他两个分别来自新泽西州和威斯康星州。这三个数据来源囊括了900多万例交通事故。威斯康星州的数据尤为有用，因为它包括受害者出院情况，这有助于我们更好地评估受害者受伤的程度。

分析这些数据后，我们发现了什么呢？

从预防重伤的情形来看，标配安全带（腰带和肩带并用）与2—6岁儿童用的安全座椅表现同样出色。但是从轻伤的情况看，儿童座椅的表现更好：与使用安全带相比，受伤的概率大约下降了25%。

且慢，现在不要把你的儿童座椅拿出去扔掉。（在美国所有50个州，这都是违法的。）儿童是如此重要的“货物”，因此，即便是只在预防轻伤方面有点儿作用，那么儿童安全座椅也算得上性价比不错的投资。况且，儿童座椅还能带来另外一个好处，这可是无法用价格来衡量的——父母内心的安宁。

我们换个角度来看，或许父母内心的安宁就是儿童座椅的最大成本所在。儿童座椅给父母带来一种错误的安全感，他们深信自己已尽了最大努力保护孩子。这种自鸣得意的心态，正好束缚了我们努力寻求更佳安全方案的尝试，殊不知，还有操作更简单、成本更低廉的方案能挽救更多的生命。

假设现在由你负责从头再来，确保儿童乘车的安全事宜。你真的认为最佳方案在于设计一种最适合成人的装置，然后用来把孩子固定在车里吗？每种汽车的座椅各不相同，你真的会允许这种玩意儿由数十个不同的厂家生产，同时又要在所有汽车中发挥作用吗？

接下来的这种想法比较极端：既然坐在汽车后座的一半乘客是儿童，那么，如果我们从一开始就针对儿童体形来设计安全带，情形又会如何呢？采用业已被证明过的方案，碰巧也是便宜而简单的方案，即改变安全带的设计，不论是设计成可调节安全带，还是嵌入折叠式安全带（的确有这种，虽然还没广泛使用），而不是依赖成本高、使用麻烦而且效果不佳的方案，难道不更合理吗？

然而，现实却不是这样。美国各州州政府没有努力寻求确保儿童乘车安全的更佳方案，反而不断提高儿童从安全座椅“毕业”的年龄。欧盟则走得更远，要求大多数儿童年满12岁前，都得使用增高型儿童座椅。

哎，有什么办法呢？众所周知，政府不喜欢寻求更便宜、更简单的解决方案，相反，往往倾向于选择代价高昂、麻烦棘手的对策。注意以下这个事实：本章前面所举的案例中，没有哪一个方案是由政府官员首先提出的。就连脊髓灰质炎疫苗起先也是由一家民营机构开发的，即美国国家小儿麻痹基金会。罗斯福总统私人为之提供了种子基金，随后该基金会又各方筹集资金，并开展药物试验。即便是在职总统，也选择将如此重大的任务交付民营部门负责，这的确耐人寻味。

给汽车装配安全带的想法也不是政府提出来的，这是罗伯特·麦克纳马拉的功劳。他原想借此让福特公司获得更大的竞争优势。他彻底错了，在营销推广座椅安全带时，福特遭遇了极大的挑战，因为这种措施似乎在提醒客户：从根本上说，驾车是不安全的。正因如此，亨利·福特二世也才会向一位记者抱怨："麦克纳马拉兜售的是安全理念，而雪佛兰卖的却是汽车。"

由飓风想到的

与此同时，有些问题则似乎什么应对方案都没有，不论简单还是复杂的。想想我们的大自然母亲，她常常慷慨地给我们送来毁灭性的灾难。相比之下，交通致死事故应对起来则要容易得多。

自 1900 年以来，全球有 130 多万人死于飓风（有些地方称台风和热带气旋）。在美国，飓风大约夺去了 2 万条生命，人员伤亡相对较小，但造成的经济损失则极大，平均每年损失 100 多亿美元。就

2004 年和 2005 年的飓风灾难来看，共发生 6 次飓风（包括卡特里娜飓风），给美国东南部地区造成的总损失高达 1 530 亿美元。

为什么近些年造成的损失如此之大呢？因为更多的人正在迁往容易遭受飓风袭击的地区（生活在大海附近，总归是惬意的），他们中很多人会建起造价高昂的度假别墅（房地产遭受的总损失因此更大）。颇具讽刺意味的是，这些新迁来的住户之所以被吸引到大海附近地区，竟然是因为最近几十年飓风“十分罕见”的缘故，或许还有一个原因：正因为飓风罕见，所以这里的保费也格外低。

从 20 世纪 60 年代中期到 90 年代中期，受以 60—80 年为周期发生的大西洋数十年振荡（Atlantic Multidecadal Oscillation，AMO）的影响，大西洋的气候会逐渐变冷，随后又逐渐升温，在这种背景下飓风活动大为减弱。周期内的温度变化不大，温差只有几度。在气候较冷的时期，这种变化不会形成飓风；而在气温较高的时期，正如我们近年来所看到的那样，飓风则具有强大的破坏力。

从某些方面看，飓风似乎并不是如此难以应对的重大挑战。例如，飓风与癌症难题不同，因为飓风形成的原因已被人们洞察，地点可以预测，甚至飓风形成的时间段也为人们所掌握。大西洋飓风一般在 8 月 15 日至 11 月 15 日之间形成。随后通过“飓风路径”向西运动。飓风路径是指从非洲西海岸、途经加勒比海直到美国东南部的狭长海平面。当海洋的表层水温逐渐达到某一个临界点（26.7 摄氏度）时，海洋上就会形成巨大的暴风，进而成为热机，这就是飓风。经过几个月的太阳照射之后，海面水温逐渐升高，这就是飓风仅在临近夏末时形成的原因所在。

尽管上述因素都是可以预知的，但是飓风之战是人类无法战胜自然的典型案例。一旦飓风形成，人类真的毫无迎战的办法。你所能做的唯一事情，就是逃之夭夭。

西雅图市，有一个酷爱探索未知世界的家伙，名叫梅尔沃德。他和他的朋友相信，他们已找到了应对飓风的方案。梅尔沃德拥有物理学背景，这是关键，因为这意味着他理解飓风的热性能。飓风不仅是一台发电机，还是一台没有"关闭"按钮的发电机。一旦这台发电机开始积聚热能，它就没法被关掉，威力无与伦比，是根本无法用一把大扇子给扇回海里去的。

梅尔沃德和他的朋友，其中大多数跟他一样，在某种程度上算是科学怪人，希望在热能有机会积聚之前使其消减，根源就在这里。换言之，他们希望阻止飓风路径上的海水获得太多的热量，进而掐灭毁灭性飓风形成的源头。军队有时会采用"焦土"作战策略，将那些可能对敌人有任何价值的东西全部焚毁。梅尔沃德和他的朋友希望采用的则是"冷海"策略，旨在防止敌人毁灭我们任何有价值的东西。

然而，或许有人会禁不住发问，这是否意味着迎战大自然母亲呢？

"毫无疑问，就是迎战大自然母亲！"梅尔沃德大笑，"你的意思似乎是说，挑战大自然就是有害的！"

确切地说，如果我们没有挑战大自然母亲，采用硝酸铵施肥，提高农作物产量，那么正在读本书的很多读者，很可能就没有机会来到这个世界。（或者，至少没有时间读什么书，因为他们得花整天的时间去四处寻找吃的来填饱肚子。）遏制脊髓灰质炎也是迎战大自然母亲的一种方式。我们用来阻止飓风洪灾的防洪大堤也不例外，尽管有时它们并不管用，卡特里娜飓风来袭时就是如此。

梅尔沃德所提出的对付飓风的方案非常简单，似乎是孩子也能想出的点子（当然，得是个聪明孩子）。从家得宝买来一些材料，甚或从垃圾堆里捡些，就可做成对付飓风的设备。

“关键在于改变海水的表面温度。”梅尔沃德说，“有趣的是，水温较高的海水表层非常薄，通常不超过100英尺；而表层以下全是非常冷的海水。如果你在这些海域有过潜水经历，你就能感到水温的巨大差异。”

温度较高的海水表层比下面的冷水轻，所以就浮在海表了。“因此，我们要做的就是改变这种状况。”他说。

位于薄薄的海水表层以下的冷水，有多少加仑，肯定是天文数字。然而，就是天文数字加仑的冷水，也无法减弱潜在灾难的破坏力。这是一个似乎能给人点希望，却又无法让我们知道个究竟的难解之谜！

然而，梅尔沃德有对策。大体说来，这种对策就是“充气内胎加裙摆”，也就是用能浮在水面的环形物，直径弄成30—300英尺都行，将一个柔软性很好的柱形容器固定其中。在报废的卡车内胎中间充满泡沫混凝土，然后依次将它们用钢缆牢牢地连接固定呈环形。柱形容器可以用聚乙烯材料（即塑料购物袋的原材料）来做，让它可深入大海600英尺。

“就是这样！”梅尔沃德得意地说。

工作原理呢？想想看，由很多内胎围成的环形物，活像一个巨大的人造水母浮在大海上。当温度较高的海浪攻进环形防御工事时，环形内部的水位就会上升，高于周边海平面。“当内胎内部的水位升高时，”梅尔沃德解释说，“这就形成了液压压头。”

在这种情形下，液压压头是由狂风施加给海浪的能量引发的一种力。在这种力的作用下，海表温度较高的海水会流入很深的柱形塑料容器，最终从容器底部涌出，注入很深的海洋之中。只要海浪不停地、铺天盖地地翻滚而来（情形总是如此），液压压头产生的力就会不断将表层海水注入深海之中，最终这必然会降低海洋表层的水温。仅以一个环形物而论，这种工作流程很环保，但效果不显著，而且过程缓慢：海表热水最终从柱形塑料容器的底部流出去，大约要花上三个小时。

现在设想一下，如果把很多这样的漂浮物集中于几小块飓风发源海域，又会是什么情形呢？根据梅尔沃德的设想，可以在古巴、尤卡坦半岛之间筑起一道篱栅，再在美国东南沿海筑起一道防线。在中国南海及澳大利亚的珊瑚海也可以如法炮制。需要多少这样的漂浮物呢？根据飓风发源海域的大小，数千只漂浮物或许就能阻止加勒比海和墨西哥湾形成飓风。

这种一次性的简单装置，每个大约只需 100 美元，相对而言，更大的成本则来自运输及固定这些漂浮物。当然，或许也可以把它弄成更结实耐用、更高级的装置，用遥控器控制，将之部署到最需要的海域。这种“智能”设备甚至还可以控制每次进入柱形容器的热水量，进而调节装置冷却海表水温的速度。

梅尔沃德所设想的漂浮物，最高成本为10万美元。即使以这个成本计算，在全球各地投放1万个，总成本也不过10亿美元，这只相当于飓风每年在美国造成的财产损失总额的1/10。正如塞梅尔维斯知道让医生用消毒液洗手的重要性，数以百万计的心脏病患者了解阿司匹林及降胆固醇药物的益处一样，预防比事后治疗要好上百倍。

梅尔沃德仍然不确信漂浮物就能起作用。过去数月来，他一直在紧张地用计算机模拟这种漂浮物在大海中的表现，用不了多久，就能真正放到海中做测试了。然而，所有迹象都表明，梅尔沃德和他的朋友已经研发出了一种飓风克星。

即使飓风克星能够完全根除热带风暴，但这并不一定就是明智之举，因为暴风是自然气候周期变化的产物，能给大地带来不可或缺的降水量。所以，其真正的作用在于降低5级暴风的强度，减弱其破坏力。“或许，你能够利用热带地区的季风降水周期，”梅尔沃德兴奋地说，“解决非洲撒赫勒地区靠天吃饭的情形，进而防止发生饥荒。”

那些漂浮物也可能会改善海洋的生态系统。每年夏天，海洋表层温度上升时，海表的氧气和养分就会逐渐耗尽，这就导致了死亡海域的出现。温度较高的海水排入深海中，会把富含氧气、养分充足的冷水带到海表，而这将大大改善海洋生物的生存环境。（如今，在近海石油钻探平台周边，也可以看到同样的效果。）近年来，海洋表层二氧化碳过多，而漂浮物的出现或许也有助于将更多的二氧化碳排放到深海中去。

毫无疑问，这里还有一个问题：谁将投放这些漂浮物？怎样投放？近来，美国国土安全部开始向许多科学家寻求降低飓风破坏力的建议，他们也找到了梅尔沃德及其朋友。诚然，此类部门很少选择简单而便宜的方案，可以说他们根本就没有这种传统，然而在应对飓风的问题上，或许会有例外发生，因为尝试这种对策没有多大损失，而可能产生的益处却极大。

不用说，飓风的确可怕，然而大自然中还有一种更危险的杀手正在逼近，来势凶猛，似乎要毁灭人类文明，那就是全球变暖。我们知道，梅尔沃德及其朋友，个个聪明非凡，创意十足，不会因为方案简单就不去尝试，现在要是他们也能想出个什么点子，解决全球变暖问题，该多好啊……

SUPERFREAKONOMICS

第五章

街头妓女与百货商店圣诞老人有何相似之处?

全面探讨身为女性而付出的各种代价。

盛夏接近尾声的一天下午，凉风习习，天气格外宜人。芝加哥南区的迪尔伯恩住宅区外面，停放着一辆SUV，车身上坐着一个名叫拉什娜的女人，29 岁。她的眼神告诉我，她久经风霜、疲惫不堪，但在其他方面却又充满活力。拉直的下垂头发中间，露出一张漂亮的脸蛋，身穿宽松的黑红相间的运动套装。她从小就穿运动服，那时，父母没钱，很少给她添置新衣裳，因此她就常穿表兄的旧衣服，穿运动套装的习惯也就延续至今了。

拉什娜向温卡什讲述了她的谋生手段，说主要有四种收入来源："顺手牵羊""望风""理发"和"接客"。

她解释说，"顺手牵羊"就是在商店偷东西然后再卖出去。"望风"是指给在街头贩卖毒品的本地犯罪团伙把风。给一个小孩理发，挣 8 美元；给一个成年人理发，挣 12 美元。

“这四种工作中，哪种工作你最不愿做？”

“接客。”她毫不迟疑地说。

“为什么？”

“因为我不怎么喜欢男人，我打心底讨厌出卖肉体。”

“如果接客价格翻倍呢？”

“会要我再做一次吗？”她问道。

从中国的缠足习俗到美国的性服务市场

纵观历史，可以发现，做男人总比做女人轻松些。虽然这种说法过于笼统，而且例外情形也的确存在，然而不论以何种重要的标准来衡量，女性总比男性过得艰难。诚然，在过去，大多数的战争、捕猎活动及体力劳作，多是由男性参与并完成的，但女性的平均寿命还是比男性短。而与其他因素相比，导致女性死亡的某些原因更是愚蠢至极。13—19世纪，竟有多达100万的欧洲女性因被指控为“女巫”而被处死，其中大多数贫穷不堪，很多还是寡妇。那时天灾频发，庄稼颗粒无收，于是这些女性便成了对此负责的替罪羊。

女性的平均寿命最终成功赶超男性，主要得益于与分娩相关的医疗技术的进步。然而，在很多国家，即便在21世纪的今天，女性仍然在很多方面遭受歧视。在喀麦隆，年轻女性的乳房会被“熨平”——要么用木杵捶打，要么用滚热的椰壳碾成平胸——从而降低其激发性联想的诱惑力。在中国，女性缠足习俗（实行约1 000年后）

终于被废除了，然而，与男性相比，女婴遭到抛弃、女性文化程度低以及自杀的可能性仍要大得多。而印度农村妇女，我们已在前文提到过，仍然遭受各方面的歧视。

然而，在世界发达国家中，女性生活质量已大幅提升。21 世纪的美国、英国或日本女孩，其生活前景如何？假如生活在一个世纪或两个世纪之前，其命运又会怎么样？这两者之间是没有可比性的。无论你从什么角度去比较，例如教育、法定权利及投票权、职业机遇等，今天的女性都比历史上任何时期的女性更幸福。1872 年，是有据可查的最早时期，当时美国大学生中，女学生占 21%。如今，这个比例已达 58%，而且还在上升。这个比例之高、上升之快，令人难以置信。

不过，女性在经济收入方面仍然受到歧视。就 25 岁以上（包括 25 岁）、本科以上学历、全职工作的美国女性而言，其中值收入大约为 47 000 美元。而处于同样年龄段、拥有类似背景的美国男性，其中值收入则超过 66 000 美元，比女性高 40%。即便是毕业于美国知名院校的女性，与其男性校友相比，收入差距仍与上述情形无异。经济学家克劳迪亚 · 戈尔丁（Claudia Glodin）和劳伦斯 · 卡兹（Lawrence Katz）发现：哈佛大学女性毕业生的收入，还不到其男性校友收入的一半。即使上述分析仅考量全职雇员，而且基于所学专业、所从事职业及其他因素做了一定调整，戈尔丁和卡兹还是得出了这样的结论：哈佛女性毕业生所挣收入，比其男性校友大约少了 30%。

导致薪资差距如此之大的主要原因是什么呢？

其实，有许多原因。为了照顾家庭，女性更有可能放弃工作或减缓事业发展的步伐。即使从事高薪职业，例如医生和律师，女性也往往选择收入相对较少的专业领域（例如，做家庭医生或机构法律顾问）。即使如此，女性仍然在许多方面遭受歧视。比如，仅仅因为不是男性，其升迁机会便被公然剥夺。当然，还有比这更糟糕的情形。大量的研究已表明，肥胖女性比肥胖男性在工资方面遭受更严重的歧视。同样，牙齿长得难看的女性，其情形也大致类似。

此外，还有某些未知的生理因素在作祟。经济学家安德烈亚·英奇诺（Andrea Ichino）和恩里科·莫雷蒂（Enrico Moretti）对一家大型意大利银行的人事数据进行分析后发现，45岁以下的女雇员往往每隔28天就会请假。将这些没上班的天数放在雇员绩效评估背景下加以研究，这两位经济学家得出了这样的结论：这家银行中男女雇员薪酬差额的14%，是由于女性身体不适请假而造成的。

或者，来看看美国于1972年通过的被称为“第九条”①的法律。诚然，实施该修正案的宗旨大体上是在教育方面禁止性别歧视，不过“第九条”还要求提高高中和大专院校女学生的体育锻炼标准，达到男学生的同等水平。此后，数以百万计的女学生加入以前只有男同学参与的体育活动中来，而且，正如经济学家贝齐·史蒂芬森（Betsey Stevenson）所发现的那样，在高中积极参加体育运动的女生更有可

① 第九条指《美国教育法修正案》第九条。——译者注

能入读大学，进而获得体面工作，尤其是在那些一直由男性主导的高技能领域。以上是“第九条”给女性带来的好消息。

同样也有坏消息。该法案通过时，90%以上的大学女子运动队的主教练都是女性。“第九条”的实施激发了人们对此类工作的更大兴趣。想想看，薪水不断上涨，工作趣味十足，还能抛头露面。然而，就像农夫餐桌上的食物被烹调大师“发现”，突然走红后，旋即从路边的破屋入驻高档餐厅一样，上述工作很快就被男性抢占。如今，不到40%的大学女子运动队的教练职位由女性担任。在所有女性参加的体育运动中，最引人注目的执教岗位，当属WNBA（美国女子篮球联盟）——13年前效仿NBA成立——的篮球教练。截至本书写作之时，WNBA共有13支球队，其中仅有6支球队的教练是女性（比例再次低于50%）。事实上，这比WNBA 10周年赛季时的比例还高，因为当时，总共14名教练中，只有3名是女性。

没错，女性在21世纪的劳动力市场中的地位得到了显著提高，然而，如果其真能变身为男性，那么在劳动力市场会获得更大的优势。

然而，有那么一个市场却总是女性的天下——卖淫市场。

卖淫业务的开展有一个简单的前提：自远古以来，男人总是不满足于免费性爱，他们还要更多。因此，这就必然导致了女性性服务供应市场的形成，只要价格合适，她们就愿意满足男人的这种需求。

如今，卖淫活动在美国是违法的，虽然也存在例外情形以及执法程序上的诸多矛盾之处。在美国成立早期，卖淫活动是为社会所唾弃的，但并没有被视为非法活动。直到“进步时代”（大约从19世纪90年代至20世纪20年代），对待卖淫的这种慈悲宽大之情才告终结。此后，公众开始强烈要求根除这种“白奴制”（White Slavery）①，因为有数以千计的女性被卖淫组织监禁，被迫从事卖淫活动。

结果表明，“白奴制”问题被公众严重夸大，现实情形更让人震惊：女性并不是被迫卖淫，她们是自愿选择这个行当的。20世纪的头10年中，美国司法部曾在26个州的310个城市中展开人口调查，以确定美国妓女总数，“我们得出的保守估计是，从事卖淫的正规军大约为20万人”。

当时，在美国的总人口中，年龄在15—44岁的女性为2 200万。如果我们相信美国司法部给出的数据，那么在这个年龄段的女性，每110人中就有1人是妓女。但是，大多数妓女，约占85%，其年龄都是20多岁。若以这个年龄段计算，那么每50个美国女性中，就有1人是妓女。

芝加哥卖淫市场尤其红火，有据可查的妓院就有1 000多家。芝加哥市长精心组建了性堕落调查委员会，除了有来自民间、教育、法务及医院的成员外，还有宗教领袖。一旦实际开展工作，这些道德高尚的调查委员就意识到，他们遇到了一个甚至比性堕落问题更让人

① “白奴制”用来指“性奴隶制”“卖淫的奴隶制”，这种说法与受害者的肤色、种族、五官无关（并不是只有白种人从事卖淫活动），之所以用“白”（white）字样，是为了与美国由来已久的黑人奴隶制加以区分。——译者注

“堕落”的严重问题——经济学问题。

调查委员会称：“如果女性辛苦劳作，每周只能挣 6 美元，而此时她得知，市场上存在性服务的需求，男性愿意为此支付高价。在金钱的诱惑下，女性选择出卖肉体，每周挣 25 美元。这有什么值得大惊小怪的吗？”

如果折算为现今的货币，过去在车间工作每周挣 6 美元的女性，现在的年收入仅为 6 500 美元；而过去从事卖淫工作每周挣 25 美元的女性，其年收入则有 25 000 美元之多。此外，性堕落调查委员会证实，25 美元的周薪是芝加哥从业妓女的最低收入水平。在“抽佣妓院”（有些老鸨收取的佣金可能较低——50 美分，有些则高达 5 美元或 10 美元）工作的女性，平均到手的周薪为 70 美元，折算后，大约相当于现在 76 000 美元的年收入。

在芝加哥南区里维居民区，妓院一个接一个，随处可见。有家名为埃弗雷俱乐部（Everleigh Club）的妓院，曾经就矗立在这个区域的中心，性堕落调查委员会曾将其描述为“美国最负盛名的高档妓院”。嫖客包括商业巨贾、政客、运动员、演艺明星，甚至还有一些发起反卖淫运动的领袖人物。埃弗雷俱乐部中被称为“蝴蝶女郎”的妓女，不仅光彩照人、身体健康、值得信赖，而且才艺双全，只要嫖客喜欢，能够随口吟诵古诗文。卡伦 · 阿博特（Karen Abbott）曾写过一本名为《罪恶之城芝加哥》（*Sin in the Second City*）的书，他在书中指出，埃弗雷俱乐部还为嫖客提供其他地方享受不到的上乘“性爱美食”，例如“法式性爱”，即今天所谓的“口交”。

在今天，我们花 12 美元就能吃上一顿“美食”。而在过去，如换算成现今货币，仅仅为了踏足埃弗雷俱乐部，嫖客就会心甘情愿地花 250 美元，然后付 370 美元买一瓶香槟。相对而言，性服务的收费则很低，大约 1 250 美元。

经营这家妓院的两姐妹——埃达 · 埃弗雷（Ada Everleigh）和明娜 · 埃弗雷（Minna Everleigh）——谨慎地管理着她们的人力资产。她们给蝴蝶女郎提供健康的饮食、一流的医疗服务、全面的教育，以及当时最高的薪水——周薪高达 400 美元，换算成现今货币，每年大抵有 43 万美元的收入进账。

确定无疑的是，埃弗雷俱乐部蝴蝶女郎所挣的薪水，远高于当时的平均水平。100 年前芝加哥的普通妓女，为什么能挣如此之多的钱呢？

答案在于，薪水的多寡在很大程度上是由供求法则决定的，而这个法则往往比立法机构所出台的法律更有效。

尤其在美国这样的国家，政治和经济之间很难协调一致。政治家可能出于各种原因通过名目繁多的法律法规，其初衷或许可赞可嘉，却没有考虑到现实世界人们的真实行为动因。

当美国宣布卖淫为非法活动要予以取缔时，大多数警署都将目标指向妓女，而不是嫖客。这种现象是十分常见的。与其他非法市场一样，想想毒品贩子或黑市枪支交易问题，大多数政府宁愿惩罚那些非法产品和服务的供应商，而放过其客户群体。

当你将供应商赶尽杀绝时，市场上相应产品和服务的供应就会严重不足，这就不可避免地推高了价格，而高价又会吸引更多供应商纷至沓来，进入这个市场。相对而言，美国政府开展的“反毒之战”收效甚微，这完全是美国集中力量打击毒品贩子而非吸毒者造成的。毫无疑问，吸毒者要比毒品贩子多得多，但是，因毒品犯罪而判决的所有刑期之中，毒品贩子的服刑期占了 90%。

为什么公众不支持惩罚吸毒者呢？吸毒者往往是禁不住毒瘾的折磨而欲罢不能，因此对这些可怜的人进行惩罚似乎有失公平。相对而言，妖魔化毒品贩子则要容易得多。

如果一国政府的确希望对非法产品和服务重拳出击，那么非法产品和服务的消费群体就应成为该国政府的重点打击对象。举个例子，如果法律规定嫖娼者要被处以阉割的刑罚，那么嫖娼市场就会迅速萎缩。

在大约 100 年前的芝加哥，妓女几乎要承担因卖淫而被惩罚的全部风险。因为卖淫，妓女被社会唾弃，为世人所不容。或许，妓女所受到的最严厉的惩罚在于，做过妓女的人将永远无法找到如意郎君。综合考虑上述因素，你就可以看出，为了吸引足够多的女性加入这个行业，满足强劲的嫖娼需求，妓院一定得给妓女开出这么高的工资才行。

当然，赚得最多的女人则位于卖淫业的金字塔顶端。埃弗雷俱乐部被关闭之时（芝加哥性堕落调查委员会虽遭遇强大阻力，但最终如愿以偿），埃达和明娜所积累的财富，换算成现今货币，大约达 2 200 万美元之巨。

为什么妓女的收入越来越少？

曾经的埃弗雷俱乐部，如今已荡然无存。整个里维街区也已成为历史，在20世纪60年代被夷为平地，取而代之的是高层住宅楼。

不过，在芝加哥城南的这个地区，仍不乏妓女——就像身着红黑相间的运动套装的拉什娜那样，当然，她们没有随口吟诵希腊诗歌的才华。

拉什娜是温卡什近期结识的一位街头妓女。温卡什是执教于哥伦比亚大学的一位社会学家，在芝加哥一所小学接受启蒙教育，现在仍然不时前往芝加哥从事研究活动。

初到芝加哥时，他还是一个小孩，天真无邪，热爱迷幻摇滚风格的感恩而死乐队（The Grateful Dead），后在加州轻松、温馨的氛围中长大，渴望切身感受种族歧视（尤其是黑人与白人的种族冲突）。温卡什既不是黑人，也不是白人（他在印度出生），这对他的工作来说极为有利。他利用自己的肤色，不加入学术界（白人一统天下）和芝加哥南区少数种族聚集区（绝大多数是黑人）任何一方的战斗编队，而是在两者之间游走。没过多久，他成功地深入到一个街头犯罪团伙内部。这个团伙实际上控制着那个街区，主要靠贩卖霹雳可卡因赚钱。（没错，《魔鬼经济学》中有关毒品贩子的故事，正是出自温卡什的研究。现在我们要回顾一下相关内容。）在研究这类问题的过程中，温卡什已经逐渐成长为一位研究该街区地下经济活动的权威专家，在对毒品贩子展开的研究告一段落后，他便接着继续研究妓女问题。

当然，与拉什娜这样的妓女仅面谈一两次能得到的信息终究是有限的。如若有人希望确切地了解卖淫市场，那么他就需要再积累一些一手资料。

说起来容易，做起来难。鉴于卖淫活动是非法的，所以常规的数据来源（例如人口普查记录或纳税登记表）就毫无用处了。即便是直接针对妓女展开的调查，也往往是由那些不一定能得出公正结论的机构（例如戒毒康复中心、教堂收容所）来主持的。

此外，早期的研究已表明，当调研内容涉及有伤风化的可耻行为时，受访者往往会视回答问题所承担的风险或调研者的身份，要么轻描淡写，要么夸大其词。

我们来看看墨西哥实施的福利补助计划。补助申请人申请福利补助时，需要逐一列出个人财产和家庭用品。一旦申请得到受理，相关工作人员会前往申请人的家中进行考察，进而确认补助申请人的陈述是否属实。

两位经济学家，塞萨尔·马蒂内利（César Martinelli）和苏珊·W·帕克（Susan W. Parker）曾对10万名福利补助享受人的资料做过分析，他们发现，福利补助申请人往往都会少报某些财产，包括汽车、卡车、摄像机、有线电视和洗衣机。大家对这种情形都不会感到奇怪，因为补助申请人具有这样的动机：让自己的境况看上去比实际情况更糟糕。然而，正如马蒂内利所发现的那样，补助申请人也会虚报资产，例如室内管道、自来水、燃气炉及水泥地板。补助申请人居然谎称拥有某些其实并不拥有的家庭必需品，这究竟是为什么呢？

马蒂内利和帕克认为，这是羞愧心在作祟。显而易见，即使一个人穷困潦倒，穷到需要申请福利补助的份儿上，他也不想向福利工作人员承认，他家的地板十分肮脏，或没有卫生间。

温卡什知道，对于涉及卖淫活动的这类调研课题而言，传统的调查手段不一定能得出可靠的结论，于是，他设法尝试其他方法：采集现场数据。他请人做追踪调研，让她们在街头游荡，或深入妓院跟妓女直接接触，观察卖淫交易的方方面面，等嫖客一走便立即向妓女询问更多隐私。

他雇的人大多做过妓女，这是一个重要标准，因为她们懂得如何跟妓女套近乎，如何获知实情。当然，温卡什也给接受调研的妓女付费。根据他的判断，如果这些妓女可为挣钱而心甘情愿地提供性服务，出卖肉体，那么可以肯定的一点是，如果有人出钱来听听她们提供有偿性服务的情况，她们是会奉陪到底的。事实的确如此，在为期近两年的追踪调研中，温卡什积累了在芝加哥南区三个不同街区从业的大约 160 个妓女的资料，记录在册的性交易超过 2 200 次。

他的追踪调研表记录了大量各类数据，包括：

- 具体性行为是什么及其持续时间
- 性行为发生地点（车上、室内还是户外）
- 以现金形式收取的费用
- 以毒品形式收取的费用
- 嫖客的种族

- 嫖客的大致年龄
- 嫖客的吸引力指数（10=性感，1=恶心）
- 是否使用避孕套
- 新嫖客还是回头客
- 如果可能，确定嫖客是否已婚，是否为黑帮成员，是否来自本街区
- 该妓女是否从嫖客钱包中偷钱
- 嫖客是否给妓女制造麻烦（暴力或其他）
- 性服务是收费的还是免费的

那么这些数据能告诉我们什么呢？

我们从收入情况开始。调研结果表明，芝加哥街头妓女一般每周工作13个小时，提供10次性服务，每小时所得收入大约为27美元。因此，每周到手的收入大约为350美元。调研结果还表明每个妓女平均从其嫖客钱包中偷走20美元，还证实了这样一个事实：有些妓女以毒品形式（通常是霹雳可卡因或海洛因）收取费用，往往还给予一定折扣。在温卡什调研的所有妓女中，吸毒者占83%。

与拉什娜一样，这些妓女中有很多人还从事其他非卖淫类工作，而这类工作也是温卡什追踪调研的内容之一。卖淫所得收入大概是其他非卖淫工作收入的4倍多。尽管卖淫可以拿到那么高的收入，然而，如果考虑一下这种工作的诸多劣势，那么这份收入实际上也并不怎么高。温卡什追踪调研的妓女，每年要遭遇不少于10次的暴力事

件。在整个调研期间，接受调研的160个妓女中，至少有三人死于暴力。“嫖客殴打妓女，要么是当时其性欲没有得到完全满足，要么是不能正常勃起，”温卡什说，“嫖客羞愧难当，随后便会抛出这样的话，‘对你而言，我的欲望太强了’（你没能满足我的性欲）或‘你太难看了’（不能激起我的性欲，无法正常勃起）。”可以想见，嫖客会要求退钱，而妓女绝对不屑于与这样一个没有阳刚之气的男人理论。

进一步说，即便与100年前低档次的妓女的收入相比，如今高档次妓女所挣的较高收入也不值一提。与过去的那些妓女相比，如今诸如拉什娜这样的妓女所挣收入可谓九牛一毛。

那么，为什么妓女的收入越来越少呢？

因为供求关系发生了改变。不是性服务的需求下降，这种需求仍然十分强劲，问题是卖淫行业跟其他行业一样，受到市场竞争的影响。

谁对妓女构成最大的竞争威胁？很简单，愿意与男人免费发生性行为的女人。

最近几十年来，性道德观念已发生根本性的变化，这是人所共知的。一个世纪以前，“随意性行为”的说法根本就不存在（更不用说所谓的“互惠朋友”的措辞了）。与当今这个时代相比，过去进行婚外性行为的难度要大得多，而且会遭受极其严厉的惩罚。

想象一下这样的情形：一个年轻人，刚走出大学校门，还没准备过安稳的生活，但又想拥有规律的性生活。若在数十年前，那么他可能会选择嫖娼。嫖娼虽然非法，但卖淫场所随处可见，而且自己被抓的风险极小。从短期来看，嫖娼行为相对而言成本较高，但长期来看却也划算，因为不用承担女性意外怀孕的成本，也没有因承诺结婚而产生的成本。1933—1942 年出生的所有美国男性中，有 20% 的男人都是与妓女发生他们人生中第一次性交行为的。

现在想象一下 20 年后年轻人的生活情形。性道德观念的转变对年轻人影响很大，对他而言，免费的性交行为供应量比以前要充足得多。他这一代人中，处男之身交付给妓女的男性，仅占这一代男性总数的 5%。出现这种现象的原因并不在于他和他同时代的朋友想将“第一次”留待新婚之夜，而是在他们这一代人中，超过 70% 的男性存在婚前性行为。而此前一代人中，仅有 33% 的男性有过婚前性行为。

因此，婚前性行为已逐渐成为嫖娼的替代方案。随着付费性服务需求的下降，妓女的收入也随之下滑。

如果卖淫业属于普通行业，那么该行业或许也可以大张旗鼓地对婚前性行为蚕食其市场的现象发起攻击。他们或许能成功推动立法，视婚前性行为为非法，或至少对婚前性行为课以重税。当美国的钢铁和蔗糖生产商开始感到竞争日益白热化之时（来自墨西哥、中国或巴西的产品的价格更低），他们就会游说联邦政府对这些产品提高关税，进而达到保护国内产品的目的。

此类贸易保护主义的趋势绝不是新近才出现的。150 多年前，法国经济学家弗雷德里克 · 巴斯夏（Frédéric Bastiat）曾写过一篇文章《蜡烛制造工匠的请愿书》（*The Candlemakers' Petition*），据说是代表蜡烛、灯芯、灯笼、烛台、街灯、蜡烛罩及烛火熄灭罩、动物油、树脂、酒精及其他与照明有关的任何产品的生产商的利益。

巴斯夏是这样提出控诉的，上述这些产业“正遭遇来自外来竞争对手的毁灭性打击，因为，很显然，在生产照明方面，外来竞争对手的制造条件比法国的生产条件要好得多，外来产品以低得让人难以置信的价格潮水般涌进国内市场”。

这个卑鄙的外来竞争对手是谁？

“不是其他什么人，而是太阳。”巴斯夏写道。他请求法国政府颁布一项法令，禁止法国公民允许太阳光照进房间。（是的，他的请愿书是一纸讽刺。在经济学界，它被视为讽刺作品。）

卖淫行业缺乏诸如巴斯夏这样的激情焕发的代表，没人站出来力挺这个行业，即使以戏谑的口吻来支持的也没有。而且，与制糖和钢铁产业不同的是，卖淫业在华盛顿的权力层面几乎没有发言权——尽管我们也应该提及这个事实：这个行业与很多位高权重的政府官员存在诸多联系。在自由市场风暴的摧残之下，卖淫业的命运遭到无情的打击，其原因正在于此。

一星期中妓女哪天挣得最多？

在地区分布上，卖淫活动比其他犯罪活动更为集中：在芝加哥针对卖淫活动实施的所有抓捕行动中，有一半集中在不到该市千分之三的街区。那么，这些街区有什么共同点呢？靠近火车站及主要路段（妓女的从业地点需要便于嫖客找到），而且穷人非常多，多为单身家庭（这也是大多数贫穷社区的共同特点）。

卖淫活动如此集中，为我们提供了进一步比较的可能和便利，我们可以将温卡什得到的数据与芝加哥警察局记录在案的全市抓捕行动资料整合起来，进而估算芝加哥全市的街头卖淫活动规模。结论是：一周内，芝加哥的街头妓女大约有4 400人，一年中接客175 000人，提供的性交易达160万次。就妓女人数而论，与100年前大致相当。鉴于此后芝加哥市的城市人口已增长30%，当今街头妓女在总人口中所占比例已大幅下降。没有变化的是，卖淫活动遭受法律制裁的较少，至少嫖娼是如此。调研数据显示，嫖客被抓捕的概率大致为嫖娼1 200次才会被抓1次。

温卡什追踪调研的妓女分别在该市三个不同的区域从业：西普尔曼、罗斯兰和华盛顿公园。生活在这些街区的大多数居民，都是非裔美国人，妓女也大都如此。毗邻的西普尔曼和罗斯兰，是芝加哥南区的偏远街区，过去，这里生活的几乎全是白人（西普尔曼是以曾经的普尔曼车厢厂为中心而筹建起来的生活区）。数十年来，华盛顿公园一直都是贫穷黑人的居住区。在这三个街区，有不同阶层、不同种族的嫖客。

对于这些妓女而言，周一晚上是每周生意最淡的时候。周五最忙，但在周六晚上，妓女往往比周五还要多挣20%左右的收入。

为什么在业务最繁忙的晚上收入没有更多呢？因为妓女服务价格的最重要的决定性因素，是看嫖客要求妓女为他提供哪类性服务。不知为何，周六的嫖客一般会选择价格更高的性服务。现在看看这些妓女通常为嫖客提供的4类性服务，每类都标有价格：

表 5–1 4 类性服务及价格

性行为类型	平均价格
手交	26.70 美元
口交	37.26 美元
阴道性交	80.05 美元
肛交	94.13 美元

一个值得注意的、耐人寻味的现象是，相对于“传统”性行为，口交服务价格已一落千丈，大不如从前。在埃弗雷俱乐部风光无限的时代，嫖客为了享受口交服务，支付的价格是传统性的两倍或三倍；如今，口交服务价格已不到传统性服务价格的一半。为什么呢？

没错，妓女提供口交服务的成本较低，因为口交杜绝了意外受孕的可能，减少了感染性病的风险。（口交也可以带来一位公共卫生学者所称的“迅速离场”便利，在必要之时可立即走人，逃脱警察的抓捕或可能伤害她的嫖客。）从古至今，口交一直具备便利的特点，那么是什么因素导致前后的价格差异呢？

这个问题的最佳答案是，过去，口交是要被征收一种禁忌税的。当时，口交被视为一种反常的性行为，宗教人士尤其这么认为，因为口交虽满足了人们的肉欲，但没有完成传宗接代的使命。当然，埃弗雷俱乐部十分乐意从这种禁忌中获利。事实上，该俱乐部的皮条客大力提倡口交服务，因为嫖客选择口交服务就意味着俱乐部可以获得更高的利润，而蝴蝶女郎的“耗损”也会更小。

随着社会对口交看法的改变，口交价格的下滑反映了新的社会现状。对于口交的认同并不是仅仅局限于卖淫行业。在美国青少年中，口交性行为日益增多，与此同时，常规性交行为和怀孕比例都在下降。或许有人认为这是一种巧合，但我们认为这是经济学发挥作用的结果。

在卖淫市场中，口交服务价格相对较低，但是口交服务的需求却一直十分旺盛。以下是芝加哥妓女所提供的各类性服务在整个卖淫市场中所占比例：

表 5–2　芝加哥妓女各类性服务在卖淫市场中所占比例

性行为类型	所占比例
口交	55%
阴道性交	17%
手交	15%
肛交	9%
其他	4%

其他性行为包括裸体舞蹈、聊天（极为罕见，在 2 000 多次交易中，也就只有几次而已），以及完全不同于聊天的其他各式各样的性行为——其花样繁多、尺度大胆，纵使你想象力再丰富，可能也无法想到竟然还有这样的性行为。存在非常规性行为（即使男人容易获得免费性行为，卖淫市场的生意仍然十分红火）的原因或许就在于：嫖客花钱，很多就是为了让妓女提供那些匪夷所思的性行为，因为这种性行为是他永远都无法从他的女朋友或妻子那里得到的。（然而，我们要说明的是，我们调研样本中的某些极端反常的性行为主体，事实

上还包括家庭成员，你能想象到的各种性别及年龄的组合都有。）

妓女并不是向嫖客统一收费的。例如，黑人嫖客给妓女支付的性交易费用比白人大约少 9 美元，西班牙裔嫖客支付的费用居于平均水平。经济学家将这种就同样的产品和服务制定不同价格的做法称为价格歧视。

在商界，价格歧视策略并不一定总是可行的。要做到这一点，必须满足两个条件：

- 某些客户必须具备清晰可辨的、能反映出愿意支付更高价格的特征。（就可辨而言，黑人和白人就很容易分辨。）
- 销售商必须有能力防止所售产品被转售，进而杜绝任何再售套利机会。（就卖淫业而言，转售情形不可能发生。）

如果能满足上述两个条件，那么大多数企业都能靠实施价格歧视策略而获利甚丰。商旅人士对这种情形再熟悉不过了，因为他们在最后一刻买到的机票，其价格通常是邻座的 4 倍。经常出入美容美发店的女性对此一点也不陌生，因为同是理发（男女差别不大），她们支付的价格是男性的 2 倍。或者，来看看伦纳德医生的网上健康护理产品目录——以 12.99 美元的价格出售神奇剃须刀，而在另一个子目录下，又以 7.99 美元的价格出售神奇宠物剃毛器。这两种产品从外观上看完全一样，但伦纳德医生似乎是这么认为的：与修剪宠物的毛发相比较，人们会花更多的钱修剪自己的毛发。

那么，芝加哥街头妓女是如何实施价格歧视的呢？正如温卡什所了解的，她们对白人和黑人嫖客实施价格歧视策略。对于黑人嫖客，这些妓女通常会直接报价，不容讨价还价。（温卡什发现，较之白人，黑人更有可能与妓女还价。根据温卡什的推断，这是因为黑人更熟悉当地街区的情况，对卖淫市场行情更为了解。）而与白人嫖客谈生意时，她们会让嫖客报价，以此希望他出手大方。我们的数据显示，黑人和白人所支付的价格是不同的，照此看来，这种价格歧视策略还的确管用。

还有一些其他因素可能导致嫖客给妓女付费较低，具体情况如下所示：

表 5–3　嫖客付费较低的三种情况

类型	平均优惠
以毒品（而非现金）形式收取费用	7.00 美元
在户外提供性服务	6.50 美元
嫖客使用避孕套	2.00 美元

妓女以毒品形式收费而给予嫖客优惠，算不上什么惊人的发现，因为大多数妓女都是瘾君子。提供户外性服务的价格优惠，则在一定程度上是时间方面的优惠，因为在户外提供的性服务往往时间较短。但话说回来，妓女在室内提供服务则要收取更高费用，因为她们租赁服务场所是要花钱的。有些妓女会在某人家中租个卧室，或在地下室铺张床垫；有些妓女则选择在房价较低的汽车旅馆，或已打烊的一元店卖淫。

使用避孕套而享受到的优惠之小，的确出人意料。然而，更让人吃惊的却是性交中极少使用避孕套的事实：即便仅仅考虑阴道性交和肛交行为，嫖客使用避孕套的时间，也不到性交行为总时间的25%。（较之回头客，新嫖客更可能使用避孕套；而相对于其他嫖客，黑人嫖客不使用避孕套的可能性则更大。）芝加哥街头妓女，每人每年可能提供大约300例缺乏安全保护的性交服务。这里有个好消息：根据先前的调研结论，从街头妓女获得性服务的男性，感染艾滋病病毒的比例低得令人吃惊，不到3%。（但如果男性嫖客从男妓获得性服务，情形就截然不同，感染艾滋病病毒的比例超过35%。）

因此，很多因素影响着妓女的服务定价：性行为类型、嫖客特征，甚至卖淫地点。

然而，令人称奇的是，在同一卖淫地点，不同妓女提供性服务的价格几乎都差不多。或许你会认为，更漂亮、更性感的妓女收取的费用，肯定比不那么吸引人的更高，但现实情形极少如此。为什么呢？

唯一合理的解释是，大多数嫖客都将女性视为经济学家所谓的完全替代品，或是可替代性较强的商品。在一家日用品商店购物的顾客的眼中，他要购买的一串香蕉可能和其他商店出售的没什么两样。同理，经常光顾性服务市场的男性，似乎也是这么认为的。

皮条客与房地产经纪人

嫖客得到较大价格优惠的一种绝对有效的方式是，摆脱皮条客，直接找到妓女。倘若如此，那么获得同类的性交服务，他可以少付16美元。

这一数字是我们根据从罗斯兰和西普尔曼的妓女处获得的数据推算出来的。这两个街区毗邻，在许多方面颇为相似。不同的是，西普尔曼的妓女利用皮条客拉生意，而罗斯兰的妓女则不用。西普尔曼比罗斯兰略微更适合居住，西普尔曼社区居民极力想将妓女从自己身边赶走。罗斯兰的街头黑帮也比西普尔曼多。一般说来，即使是芝加哥的黑帮，也不会干拉皮条的生意，但他们不希望其他人不请自来，妨碍他们控制的黑市经济活动。

这两个街区的重要差别，让我们得以评估皮条客对卖淫行业所产生的影响。下文称"皮条客效应"（pimpact）。但是，我们首先要提出一个重要的问题：我们怎么能确定这两个街区的妓女事实上具有可比性呢？或许，与皮条客合作的妓女具备其他妓女所没有的特征。如果果真如此，那么我们就是在评估两个女性群体，而不是皮条客效应了。

碰巧的是，温卡什追踪调研的很多女性，不时游走于这两个街区之间，有时与皮条客合作揽生意，有时单干。正因如此，我们的分析数据才不受皮条客效应的影响。

上文提到，通过皮条客嫖娼，嫖客大约要多付16美元。但是，通过皮条客嫖娼的嫖客，往往也会购买更加昂贵的服务——这些家伙不会要什么手交，而这会进一步提高妓女的收入。因此，即便扣除皮条客通常收取的25%的佣金，妓女仍然可以在性服务次数更少的情况下挣更多的钱。

表 5–4　妓女单干与寻求合作的收入差异

妓女	周薪	每周性交易次数
单干	325 美元	7.8 次
与皮条客合作	410 美元	6.2 次

皮条客能发挥重要作用的秘诀在于，他们寻求的是一个特定的嫖客群体，而这个群体往往是街头妓女靠自己无法接触到的。正如温卡什所了解的，西普尔曼的皮条客往往花费大量时间，泡在城市闹区的脱衣舞表演俱乐部，或在附近印第安纳州的游船赌场上转悠，寻找潜在嫖客（大多数是白人）。

数据还表明，皮条客效应远不止于让妓女收入更高。与皮条客合作的妓女，遭嫖客殴打的可能性更小，被迫为黑帮成员提供免费性服务的概率也没有单干大。

因此，对于芝加哥街头妓女来说，利用皮条客招揽生意似乎是首选。事实上，扣除皮条客收取的佣金后，妓女的收入仍然相当可观。要是每一个行业的每一位代理人都能提供这类有价值的服务就好了。

现在看看另外一种销售环境：房地产销售。妓女可以选择是否通过皮条客出卖肉体；与此类似的是，房主也可以选择是否通过房地产经纪人出售房子。诚然，房地产经纪人收取的佣金比例，比皮条客收取的要低得多——前者收 5%，后者收 25%——但是，一笔买卖下来，房地产经纪人所得的佣金通常高达数万美元。

那么，房地产经纪人值得获得这份收入吗？

三位经济学家近期对威斯康星州麦迪逊市的住房销售情况进行了分析。该市的房主自售（for-sale-by-owner，FSBO）市场非常火爆。房主自售市场以“FSBOMadison.com”网站为基础发展起来，房主在该网站挂牌售房时，需向该网站支付 150 美元的费用，房产售出后不再支付佣金。在价格、住房、社区、挂牌出售时间及其他方面，将麦迪逊房主自售市场的销售情况与房地产经纪人的销售情形进行比较后，这三位经济学家就可以评估房地产经纪人对房屋销售市场的影响了（为了与“皮条客效应”说法一致，我们姑且称之为“房地产经纪人效应”）。

他们发现了什么情况?

在房主自售网站上售出的住房，其价格往往与通过房地产经纪人出售住房所得的价格一样。这个发现使房地产经纪人的作用看上去就没那么大了。通过房地产经纪人出售标价为 40 万美元的住房，就意味着要支付 2 万美元的佣金，而通过房主自售网站出售仅需支付 150 美元。（同时，近期开展的另一项研究发现，固定收费的房地产经纪人，通常是在接受房主委托挂牌时收取大约 500 美元的费用，他们几乎能与按比例收取全额佣金的房地产经纪人卖出同样的价格。）

有几点值得说明。你支付 5%的佣金后，其他人就会帮你完成交易的各个环节。对于某些售房者而言，经纪人收取这一比例的佣金完全是值得的。而且，从麦迪逊所得的数据是否同样适用于其他城市，这很难说。进一步说，开展这项研究时，房地产市场需求旺盛，而这也极可能帮房主比较轻松地卖掉了房产。此外，选择不用房地产经纪人出售住房的那类人，可能从一开始就具有更灵活的商业头脑。最后，诚然，房主自售市场出售的房产均价，与房地产经纪人出售的差不多，但前者售出住房所用时间比后者多20天。大多数人很可能都会这样认为，在自己的住房中再住上20天，还能多挣2万美元，显然是划算的。

房地产经纪人和卖淫皮条客提供的是同样重要的服务：将你的产品推销给潜在客户。正如上述研究显示的那样，互联网（房地产销售渠道）已被证明可以取代房地产经纪人。然而，如果你正设法要做的是推销卖淫服务，那么在撮合妓女和嫖客达成交易方面，互联网发挥的作用就不怎么样了，至少现在还不成熟。

因此，当你权衡这两类代理人可能为你带来的价值时，显而易见，皮条客提供的服务产生的价值比房地产经纪人为你带来的要大得多。也可以用数学表达式来清晰地说明，即：

皮条客效应＞房地产经纪人效应

温卡什调研期间，西普尔曼街区的卖淫活动由6个皮条客控制，温卡什逐一结识了这6个人，他们都是男性。过去，即便在芝加哥最贫穷的街区，卖淫组织通常也是由女性控制的。然而，在高收入的引诱之下，男性最终取代女性，成为卖淫的组织者——在漫长的历史进程中，这是男性进入女性主宰的行业，并最终抢走她们饭碗的又一个实例。

这6个皮条客的年龄，从30岁出头到近50岁不等，“业务”干得很不错，每年大约能赚 5 万美元。其中几个皮条客还有正经的工作——汽车修理工或店长，而且大多已买了房，没有一个人是吸食毒品的瘾君子。

他们最重要的工作内容是与警察周旋。温卡什了解到，这些皮条客与当地警局维持着良好的关系，尤其与一位名为查尔斯的警员打得火热。起初，查尔斯对当地警察“巡管区域”还不甚熟悉，曾持续“骚扰”并抓捕过这些皮条客。然而，这类行动产生的结果却适得其反。“逮捕这些皮条客后，街头就要有人取而代之，导致发生黑帮混战，”温卡什说，“暴力活动比卖淫活动更糟糕。”

因此，查尔斯尽力与对方做出一定妥协。这些皮条客同意，当小孩在街区公园玩耍时，他们就不去那边招揽生意，而且同意只暗中组织卖淫活动。作为回报，警局任其自行活动，不加干涉，而且更为重要的是，他们也不会抓捕妓女。温卡什追踪调研期间，在这几个皮条客控制的一个地区，仅发生过一次抓捕妓女的正式行动。妓女与皮条客合作所能获得的最大益处便是不会被警察抓捕。

当然，为了不进监狱，也不一定就非得要皮条客“罩”着你。在芝加哥，一般妓女每提供 450 次性交易才会被抓捕一次，而且平均而论，10 次抓捕行动中，只有 1 次能将妓女定罪送进监狱。

这不是因为警察不知道妓女藏身何处，也不是因为警局局长或本市市长刻意做出这种让卖淫业蓬勃发展的决定。更确切地说，这种情形生动地反映了经济学家所谓的“委托代理问题”。在某项任务中，委托方和代理方似乎有同样的目标，但事实上其动机各不相同。

在本例中，你可以把警局总警监视为委托人。他希望遏制街头卖淫活动。同时，负责街区的警员则是代理人。他可能也希望遏制卖淫活动，至少按理说应该如此，但他没有强烈的抓捕动机——为什么要采取更多的抓捕行动呢？在某些警员看来，那些妓女主动提供的性服务要比再创造一个抓捕纪录更有吸引力。

温卡什的调研十分清楚地反映了这种现象。在他追踪调研的妓女所提供的所有性交易中，大约有3%的性服务是无偿“献给”警员的。

数据不会撒谎：芝加哥街头妓女与警察发生性关系的概率，比被警察抓捕的概率大。

女性工资低是因为女性追求高薪的愿望不够强烈

街头妓女是女性不愿从事的工作，实际上我们怎么强调这个事实都不过分，想想看：伤风败俗，无耻下流，面临感染性病的危险，时常遭受殴打。

没有什么地方比华盛顿公园的情形糟糕。没错，华盛顿公园就是温卡什调研的一个街区，位于罗斯兰和西普尔曼北部大约6英里处，极为贫穷，外来人尤其是白人，很少光顾这里。这里的卖淫活动集中在4个场所：两幢大型公寓楼、延伸5个街区的繁华商业街以及华盛顿公园本身。这个惹眼的公园占地372英亩，是由弗雷德里克·劳·奥姆斯特德（Frederick Law Olmsted）和卡尔弗特·沃克斯（Calvert Vaux）于19世纪70年代设计的。在华盛顿公园卖淫的妓女没和皮条客合作，所挣收入是温卡什调研的所有妓女中挣得最少的。

这个事实可能会让你认为这里的女人宁愿干其他任何工作，也不愿意卖淫，但是市场经济的一个特点就是市场上供求关系会自发催生一个合理的价格水平，在这个价格水平下，即便是最不显眼的工作也有人愿意做。没错，这些妓女的生活十分窘迫，但如果没有卖淫收入的支撑，她们的情形似乎会更悲惨。

听起来十分荒唐?

这种供求关系似乎因一个与之无关的因素而得到了加强。这个因素就是美国家庭长久以来非常重视的团聚传统。每年 7 月 4 日前后，华盛顿公园热闹非凡、人头攒动，很多家庭在这里举行户外家庭聚餐，也有一些规模较大的组织在这里聚会。对于某些来访亲友而言，一边喝着柠檬水，一边与伯母舅妈唠家常、谈近况，显然有点索然无味。结果证明，每年这时候，对华盛顿公园妓女的性服务需求就会飙升。

而且，这些妓女也与任何出色的企业家没什么两样：她们会将价格提高大约 30%，只要精力容许，尽量加班加点地赶工。

有趣的是，需求的猛增还吸引了新成员加入其中——全年其他时候几乎都不卖淫的那些女性，在这个卖淫业务火爆的季节，也暂时将其他工作搁置一边，干起了卖淫的行当。这些兼职妓女大多都有小孩，要照顾家庭，她们也不是吸食毒品的瘾君子。但就像淘金热中的淘金者，或房地产繁荣时期的房地产经纪人一样，她们看到了大赚一笔的良机，因此便迫不及待地加入了进来。

至于本章标题中所提出的问题：街头妓女与百货商店圣诞老人有何相似？答案应该是显而易见的：利用节假日需求猛增所带来的短期工作机遇，大赚外快。

我们也已证实过，如今对妓女的需求已经大不如60年前（当然，节日时性服务需求会猛增），而这在很大程度上可以说是女权运动导致的结果。

如果你竟然认为这令人吃惊，那么再看看因女权运动而产生的另一个看似更不可能的受害者群体——中小学学生。

长期以来，教师以女性居多。100年前，教书育人的工作是少有的几种允许女性从事，而又不涉及做饭、清洁或其他家务的工种之一。（类似的还有护士职业，但教师相对来说人数更多，教师人数为护士人数的6倍。）当时，女性就业市场中，大约有6%的人是教师，仅次于体力劳动者（19%）、佣人（16%）及洗衣工（6.5%）。从很大程度上说，教师是女大学生的理想工作。令人称奇的是，到1940年时，所有大学毕业的女性工作者，在30岁出头的这个年龄段中，55%被聘请为教师。

然而，没过多长时间，聪明女性所面临的工作机遇开始激增。1963年《同酬法》和1964年《民权法》相继实施，社会对女性角色的认识也发生了转变，这些都起到了推波助澜的作用。随着更多女孩进入大学深造，职业女性队伍随之壮大，她们希望进入以前女性受限的那些令人垂涎的高级行业，例如法律、医药、商业、金融等。（在这场革命中，没有受到高歌赞颂的“无名功臣”当属婴儿奶粉：由于婴儿奶粉的广泛使用，哺乳期妈妈能够立即重新投入工作中。）

这些要求极高、竞争白热化的职业，提供的薪水自然极为丰厚，因此这也吸引了具有聪明才智的精英女性。毫无疑问，如果这些精英女性早出生一代，那么她们肯定就步入教育岗位了。

但她们没有早出生，教师队伍开始出现人才外流现象。1960 年，大约有 40%的女教师，在智商及其他资质测试中的得分都位于最前的 20%之列，只有 8%的女教师测试得分处于最末的 20%。而 20 年后，得分位于最前 20%的女教师还不到原来的一半，与此同时，位于最末 20%的却是原来的 2 倍多。与其他工作相比，教师工资正在大幅下降，而这种状况就更不可能让女教师素质得到提高了。“过去几十年来，教师素质一直在下降，”纽约市公立学校总监在 2000 年称，“但没有人愿意讨论这个问题。”

这不是说，我们就没有大量的优秀教师。当然有，但这些年来，教师的总体素质在下降，课堂教学质量也随之下降。1967—1980 年，美国学生考试成绩大约下降了相当于 1.25 个等级的水平。教育研究者约翰 · 毕晓普（John Bishop）把这种情形称为“前所未有”的下降。他认为，这将严重拖累美国生产效率，其造成的影响将完全有可能持续到 21 世纪。

但至少进入其他行业的女性境况应该不错，是这样吗？

是的，有那么一点吧。我们在前文提到过，即使是受教育程度最高的女性，所挣工资也比具有相似背景的男性少。在野心勃勃的金融和企业领域，女性从业比例极低，收入尤其悬殊。近年来，女性首席执行官的人数大约增长了8倍，但即便如此，女性首席执行官在所有此类职位中所占的比例仍不到1.5%。在美国排位前1 500名的大型公司中，只有大约2.5%的待遇丰厚的高管职位由女性担任。近25年来，美国顶级大学女性MBA毕业生的比例超过30%，鉴于这个事实，上述收入差距悬殊的情形就更让人吃惊了。如今，这一比例又创新高，达43%。

经济学家玛丽安娜·贝特朗（Marianne Bertrand）、克罗迪亚·戈尔丁和劳伦斯·卡兹试图弄清男女工资差距悬殊的原因所在，于是对芝加哥大学毕业的2 000多名男性和女性MBA的职业情况展开了分析。

他们的结论是：诚然，性别歧视可能是造成男女工资差距悬殊的一个原因，但主要原因却在于女性追求高薪的愿望不够强烈，抑或缺乏这种愿望。这些经济学家发现了以下三个原因：

- 女性课业成绩平均分比男性略低，更重要的是她们选修的金融课程比男性少。在其他条件相同的情形下，职业收入的高低与员工是否具备金融知识密切相关。
- 在其职业生涯的最初15年，女性的工作时间比男性少——女性平均每周工作52个小时，男性58个小时，每周少工作6个小时，15年累积下来，相当于比男性少工作6个月。
- 女性职业的中断时间比男性长。参加工作10年以后，获得MBA学位的男性中，中断工作的时间长达6个月或更长的，只占10%，相对而言，具有同样背景的女性中这一比例则占到40%。

而最重要的因素似乎在于这个事实：很多女性，甚至包括拥有MBA学位的女性，都喜欢小孩。一般说来，没有小孩的女性MBA，比一般男性MBA的工作时间仅少3%；而有小孩的女性MBA，则比男性MBA的工作时间少24%。“因为工作时间更少及职业中断情形的影响，女性工资收入减少的幅度是很大的。”这三位经济学家写道，“很多拥有MBA学位的年轻妈妈，尤其是其配偶收入很高的年轻妈妈，在生下第一胎后的几年之内，会决定放缓其职业发展的步伐。”

这种转变耐人寻味。美国很多极为聪颖的精英女性，攻读MBA的初衷在于追求高薪，但结果却出人意料地嫁给了聪明能干的精英男性——也拿着高薪——因此她们不用再拼命工作，这正是求之不得的好事。

这是否意味着女性攻读MBA所投入的时间和金钱不值得呢？可能不是这样。或许，如果没去商学院深造，她们就永远也不会遇上这样优秀的丈夫。

分析男女工资差距时，我们还可以从另一个角度来思考。我们可以不把女性工资更低的情形解释为一种劣势，相反，或许应该视之为一个信号：高工资能够有效地驱使男性努力工作，而对于女性而言，这种动机就没那么强烈了。这或许是因为男人爱财、女人爱小孩的缘故吧。

我们来看近期进行的两项测试。我们请男士和女士各组成一队参加一个类似学术能力测试（scholastic aptitude test，SAT）的数学测试，回答20道题。在第一项测试中，我们给每位参与者支付固定费用，到场费为5美元，完成测试再支付15美元。在第二项测试中，我们给每位参与者支付到场费5美元，然后参与者每答对一道题再支付2美元。

他们的表现如何呢？

第一项测试中，男性的表现略好，20道题中，答对的题目比女性多1道。第二项测试中，男性大胜。与第一项测试相比，女性在这项测试中的表现几乎毫无进步，平均算下来，男性又多答对了2道题。

为了探明女性收入比男性少的原因，许多经济学家是想尽一切办法，汇总所有数据，使用高深莫测的统计手段予以分析。然而，他们面临一个最大的难题就是男女各异，表现千差万别。经济学家真正想要的是做一次这样的实验：将一组女性作为样本，以此克隆其男性版本；再取一组男性作为样本，克隆其女性版本；然后观察结果。将两个样本组与其相应的克隆版本组对比，评估其劳动产出，通过这种方式你可能会获得某些更为深刻的认识。

或者，如果克隆还无法实现，你也可以取一组女性作为样本，随机选择一半，将她们神奇地变为男性，而不改变她们的其他特征；然后取一组男性作为样本，重复此前的流程。

令人遗憾的是，现实条件不允许经济学家开展此类实验，至少目前还不行。但如果经济学家有“献身”精神，他们自己可以做到，做变性手术就行了。

如果男人决定通过变性手术和荷尔蒙疗法成为女人（即MTF，也就是男到女的变性），或者女人决定变成男人（即FTM，也就是女到男的变性），那又会是什么情形呢？

斯坦福大学神经生物学教授本·巴雷斯（Ben Barres），出生时的名字是芭芭拉·巴雷斯（Barbara Barres），42岁时，也就是1997年，变性成为男人。与大多数数学和理工学科一样，神经生物学领域也是男性一统天下。他说，变性“让我的同事和学生备感意外”，但他们“都认为我的决定简直太了不起了”。的确，他的学术地位似乎比以前更高了。有一次，巴雷斯刚做完一个学术讲座，一位同人与听众中巴雷斯的一位朋友攀谈起来，假心假意地恭维道：“本·巴雷斯的工作比他妹妹做得好多了。”巴雷斯并没有妹妹，这位同人显然不看好巴雷斯的前身（即身为女性的她）。

“从男人到女人的转变，远比从女人到男人的转变困难。”巴雷斯说道。他说，这其中的问题在于，一般认为男性在某些领域（尤其在理工学科和金融领域）具有先天优势，而女性则不太胜任。

现在来看另一种情形。迪尔德丽·麦克洛斯基（Deirdre McCloskey），芝加哥伊利诺伊大学的知名经济学家。出生时是男性，名为唐纳德（Donald），1995年决定变性为女人，时年53岁。与神经科学一样，经济学也是男性占绝对优势的领域。“我曾准备前往斯波坎，去一家农产品公司做一名秘书。”她说。结果证明没必要去。麦克洛斯基发现，“在某些与经济有关的职业中，我因为自己的反叛行为而受到了惩罚。我估摸着，如果我仍然是当初的唐纳德的话，那么我现在挣的钱会多上那么一点点。”

巴雷斯和麦克洛斯基只是两个数据点而已。有两位研究员，一位是克里斯滕·希尔特（Kristen Schilt），一位是马修·威斯沃尔（Matthew Wiswall），希望系统分析变性成年人的工资情形。他们开展的实验与我们上文提及的实验并不相同——要知道，变性人并不一定是严格意义上的随机样本，在变性前后也并不一定是典型的男女群体，但不管怎么说，实验结果仍然耐人寻味。希尔特和威斯沃尔发现：女人变性成为男人之后，其所挣工资比以前略高；而男人变性成为女人后，平均算下来，所挣工资大约比以前少了 1/3。

这里要做出几点说明：首先，实验样本数目很小——只研究了 14 例男到女的和 24 例女到男的变性个体。而且，他们所研究的样本，主要是从变性研讨会中聘请过来，按照迪尔德丽·麦克洛斯基的说法，这些人属于“跨性别职业工作者”，因而不一定都具备典型性。

“大家会很容易地认为，”她说，“男人无法彻底变性为女人，肯定会念念不忘以前的生活状态，而无法在工作中做到最好。”（虽然他已经改变了自己的性别，但由于此前是经济学家，所以在人们眼中他一直就是经济学家。）

从妓女的营生中我们看到了什么?

现在又回到芝加哥，离那些街头妓女从业场所仅几英里的地方，有一个新建住宅区，住着一位女士，且一直保持女性身份，她挣的钱很多，而这是她以前根本就不敢想象的。

她在得克萨斯长大，家庭成员众多，家庭关系并不和睦，成年后她离开家参了军。她接受的是电子科学方面的教育，从事导航系统的研发工作。7 年后退役，再次过回普通人的生活，加入了一家全球排名靠前的大公司，从事计算机编程工作。她拿到的是 5 位数的丰厚薪酬，后来嫁给一个收入高达 6 位数之多的抵押贷款经纪人。生活过得很不错，但同时，怎么说呢？日子太过平淡，很无聊。

她离婚了（没生小孩），随后搬回得克萨斯，部分原因是帮忙照顾一个患病的亲戚。她仍然出去工作，职位依旧是计算机编程员，后来再婚，但婚姻再次触礁。

她的职业生涯没取得多大进展。没错，她聪明能干，碰巧还长得漂亮——金发碧眼，皮肤白皙，身体丰满，曲线优美——而且性格温和。在她所在的公司，这种女人总是人们十分欣赏的类型。但问题是，她并不想那么拼命地工作。因此，她辞职，自己创业，每周只需工作 10—15 个小时，但所挣收入是以前薪水的 5 倍之多。她叫安莉，从事的是卖淫工作。

她是偶然进入这个行业的，或者可以说是以一种无所顾虑的冒险之旅为开端的。她的家庭成员是南方浸信会①的虔诚会员，因此，在成长过程中，“所受的教育极其严格。”她这样说道。成年以后，她仍然受到家长的严格要求。“你知道的，参加郊区每月的最佳家庭后院评选，晚上喝啤酒不能多于两杯，平常晚上 7 点以后绝不能外出，凡此种种，规矩很多的。”然而，她已离婚，又很年轻，于是开始光顾在线约会网站——她喜欢男人，也喜欢性爱——随后出于好玩儿的心态，她在自我介绍中称自己为“陪同女郎”。“完全是突发奇想，”她回忆说，“当时就是想把这个张贴上去，看看会发生什么。”

随即，她的电脑屏幕被大量跳出的回应窗口淹没。“于是，我就开始疯狂地点击最小化按钮，只有这样，才能保持与他们的沟通进度！”

她与其中一个男人约好会面，时间定在某工作日的下午两点，地点选在一家宾馆，约在那家宾馆停车场的西南角碰头。那个男人开着一辆黑色的奔驰过来，要收他多少钱，安莉心里一点谱都没有。她当时想的是 50 美元。

他是一名牙医，体形并不威猛高大，已婚，十分友善。他们一进屋，安莉就开始宽衣解带，神情十分紧张。至于那次性事的详情，她已不记得，那次并没有玩什么花样，也没有什么怪癖性行为。

① 浸信会是基督教新教派，认为只有年长至能够理解其含义并信仰基督教的人才能接受浸礼。——译者注

结束之后，那个男人把一些钱放在桌子上。“以前没做过这个，对吧？”他问。

安莉想要轻松地撒个小谎，但明显是在扯谎。

“好吧，”他说，“你需要这么做。”他开始喋喋不休地告诫她——她得更谨慎点，她应该拒绝在停车场见面，她需要提前了解客户的情况。

“他是我首次干这行有幸遇到的完美客户。”安莉说，“直到今天，我对他仍心存感激。”

他一离开房间，安莉就开始数钱：200 美元。“这么多年来，与别人做爱都是我自愿的，不谈钱的，所以当有人因此而给我付钱时，哪怕只有一分钱，怎么说呢，给我的震动都相当大。”

于是，她立即想全职卖淫，但她担心家人和朋友会发现。因此，她十分谨慎，主要是在其他城市卖淫。同时，虽然她减少了从事计算机编程的工作时间，但仍然觉得这个工作沉闷无聊。这个时候，她决定前往芝加哥发展。

芝加哥是个大城市，对此安莉深为恐惧；但芝加哥与纽约或洛杉矶又不同，这里的人讲礼貌、懂谦让，是个文明的城市，一个来自南方的女孩，很容易就能适应这里的生活。她做了一个网站（掌握的计算机技能派上了用场），随后，经过不断地摸索尝试，确定了哪类性爱服务网站能帮她招徕最适合的客户，哪些站点只会让她花的广告费打水漂。

自己单干的优势很多，最重要的一点就在于，她所挣的收入不用与其他任何人分享。在过去，安莉极可能会在诸如埃弗雷姐妹的老鸨手下干活。老鸨给手下妓女支付的报酬自然极为优厚，但她还是拿走了大头，自己富得流油。互联网让安莉有机会成为她自己的“鸨母”，并进而为自己积累财富。在旅游、房地产、保险以及股票债券等行业，互联网所具有的“非居间化”——取代中间商或大大减弱中介居间作用——的可怕力量，有关业界已经谈得很多。但大家很难想到的是，没有一个市场比高端卖淫市场更适合互联网发挥这种“非居间化”作用。

自己单干的劣势在于，安莉只能靠自己筛选潜在嫖客，以此确保自己不会遭到嫖客的殴打，或落得一个被骗钱劫色的下场。最终，她想出了一个既聪明又简单的方法。如果新嫖客在线与她联系，她不会马上安排见面，而是要先弄清楚他的真实姓名和工作电话。然后，她会在约好见面的那天上午，打电话给这位新嫖客，假装说只想告诉对方，她期待着与他见面。

但是，这通电话也有另一种含义：她要确保自己能随时联络到他，而且万一有什么情况不对，她也可能会到他的办公室闹个天翻地覆。“没人希望看到婊子发飙的老套情节上演到自己头上。”她微笑着说。到目前为止，这种策略安莉只采用过一次，那是因为一个嫖客给她付了假钞。当安莉造访那个嫖客的办公室时，他二话没说立即掏出了真钱。

她在公寓接待嫖客，多数在白天。大多数嫖客是中年白人，其中 80%已婚——他们发现，工作时分溜出去比晚上外出更省事，免去了向妻子解释的麻烦。晚上的时间属于她自己，可以看书，看电影，或者放松休息，这一点是她最喜欢的。她定的服务价格是1个小时300美元——与她同属一个档次的大多数其他同行收取的费用似乎就是这个数。另外还有几种优惠方案：两个小时500美元，或12小时的包夜服务2 400美元。她提供的服务类型中，大约有60%都是一个小时的服务。

她的卧室——“我的办公场所”，她大笑着说——几乎全被一张床占了。维多利亚风格的大床奢侈豪华，镂刻的四根红木支柱，缠绕着米黄色丝绸质地的绉绸，支起了幔帐。这绝不是一张轻易就能爬上去的床。当被问及她的客户爬上去是否有难度时，她坦然承认：不久前，一个体形庞大的家伙，竟然把那张床给压垮了。

当时，安莉是怎样处理的呢？

“我告诉他，那个烦人的东西早就坏了，没有早点叫人修好，真对不起。”

她是那种能从每个人身上发现优点的人——她认为，这一点正是她成功创业的原因所在。她真诚地喜欢来找她的那些男人，因此那些男人也都喜欢安莉，即使她与许多人发生过性关系，这也无关紧要。他们往往还带来礼物：可能是面值100美元的亚马逊网站的赠券；可能是一瓶好酒（客人走后她会通过标签在谷歌上搜索，确定其价值）；有一次，还收到一台苹果MacBook电脑。那些男人甜言蜜语，夸她长得漂亮，或对室内的装潢设计大加吹捧。在很多方面，他们对待她的方式，恰好是男人理应对待他们妻子，但实际上他们往往又没有那样做的方式。

与安莉大致属于同一档次的大多数妓女，都称自己为“陪同女郎”。当安莉谈及这个行业的朋友时，她简单地叫她们“女孩”。她并不在称呼上较真儿。“我喜欢‘鸡’的叫法，也不介意别人叫我‘妓女’，称呼无所谓。”她说，“有什么大不了的，我知道我在干什么，因此我不会想方设法去掩饰、去美化。”安莉谈到了她的一个朋友，她收取的费用是每小时 500 美元。“她认为自己与众不同，完全不能与收取 100 美元给别人‘吹箫’（指口交）的那些街头妓女相提并论，而我跟她们没什么两样。”

在这点上，或许安莉是错的。她认为自己与街头妓女很相似，但实际上她与街头妓女的共同点还真不多，反倒是与成功男人所拥有的象征地位的娇妻有更多的相似之处。从根本上说，安莉就是男人按小时租用的这种娇妻。她所提供的不是性本身，或至少不仅仅是性。她给男人提供的是这样一个机会：暂时把他们的妻子搁置一旁，付钱租用一个在性爱方面更敢于大胆尝试的临时娇妻。因为是临时租用，所以事实上也就免却了需要与之长相厮守的麻烦和需要投入的长期成本。在被租用的一两个小时内，她代表了一个完美妻子的典型形象：漂亮、殷勤周到、聪明，被你的笑话逗得大笑，而且满足你的肉欲。每次当你出现在她的门前时，她都十分开心。你最爱的音乐已经响起，你最爱喝的饮料也已准备好，她从来都不会要你把垃圾顺便带出去。

关于满足嫖客与众不同的性行为偏好，安莉说她比其他一些妓女“更开放、更大胆一点”。比如，得克萨斯有个家伙，至今仍然会用飞机接她过去，在服务期间，会要求她佩戴某些玩意儿——他开会时随身带在公文包里的东西，大多数人根本不会认为这些东西与性交行为有什么关系。但她也有自己的原则：坚持要求客户使用避孕套，无一例外。

如果嫖客出价100万美元，要求不戴套与她发生性行为，会是什么情形呢?

安莉停下来想了一会儿。随后，她的答案表明，她对经济学家所谓的“逆向选择”（adverse selection）有着深刻的认识——她明确地说，她仍然不会做，因为如果一个嫖客仅仅因为要进行一个回合的缺乏保护措施的性爱活动，而疯狂地出价100万美元，那么这个嫖客已疯狂到无可救药的地步，因而她无论如何都要拒绝。

当她在芝加哥开始从业时，每小时收费300美元，生意极好，几乎忙不过来。只要精力允许，她尽量接待更多的嫖客，每周大约工作30个小时。这种业务强度，她维持了好一阵子，不过一旦她还清了车贷，还有了一些储蓄后，就减少了工作量，每周工作15个小时。

即便如此，她仍然还在思考一个问题：自己少工作一个小时是否会比再赚300美元更有价值。按现在的情形，每周工作15个小时，一年下来，她能挣到20多万美元。

最终，她将每小时的费用提高至350美元。她想需求或许会就此下降，但事实上没有。因此，几个月后，她将费用提高至400美元。同样，没有感到明显的需求下降。安莉对自己有那么一点恼怒，显然，此前她收取的费用一直都太低。但至少她现在可以采用价格歧视策略，从而将她实施的弹性费用发挥到极致。对于最好的嫖客，收取的费用不变；但她会告诉自己不喜欢的嫖客，从现在开始，一个小时的价格已涨到400美元——如果嫖客断然拒绝，她就搬出已设计好的借口，从此不与他们交往。嫖客不会减少，只会更多。

没过多久，她再次提高了价格，每小时450美元，过了几个月后，又涨价至500美元。就在短短的几年内，安莉将价格提高了67%，然而她发现需求几乎毫无减弱的迹象。

价格的陡然提高还反映出另一个令人大跌眼镜的情形：她收取的费用越高，她与嫖客真正上床的性交时间就越少。价格每小时300美元时，她的接客时间表上列示的是一长串要求一小时性服务的客户，而这些嫖客也都想把有限的时间更多地投入到性交活动本身中来。然而，每小时收取500美元后，她往往还有饭局和美酒伺候。“有时吃饭4个小时，而真正的性事活动只有20分钟。”她说，“我还是我，跟收费300美元时一样，穿着同样的衣服，跟他们聊的内容也大同小异。”

她估摸着，她的业务之所以这么好，是经济繁荣所致。当时是2006—2007年，正值她的很多客户（银行家、律师及房地产开发商）业务蒸蒸日上、投机致富的美好岁月。但安莉发现了这样一个事实：

付钱请她服务的大多数人，用经济学术语说，不具备价格敏感度。相对而言，性需求似乎与整体经济毫无关联。

我们的乐观估计是，在芝加哥从业的像安莉这样的妓女，不论是单干还是与陪同服务机构合作，都不超过 1 000 人。诸如拉什娜这样的街头妓女，从事的工作在美国可能没人想干。但对于安莉这一档次的妓女而言，情形就迥然不同了：高薪，工作时间灵活，几乎没有被实施暴力和抓捕的危险。因此，真正让人困惑的问题并不在于为什么像安莉这样的人会成为妓女，而在于为什么更多的女人没有选择这个行业。

毫无疑问，不是每个女人都适合从事这个行业。首先，要喜欢性交；同时，要心甘情愿为此做出一些牺牲，比如不要丈夫（除非他很宽容，或者贪婪成性）。然而，当每小时的服务价格高达 500 美元时，这些因素似乎就完全没有必要考虑。事实上，安莉曾向她的一位密友吐露实情，告诉她自己在卖淫，而且讲了她的近况，没过几个星期她的那位朋友也加入了这个行业。

安莉从来没有遭遇来自警局的麻烦，也不希望如此。事实上，如果卖淫活动被合法化，她肯定会气得发狂，因为她目前之所以能挣到如此高的收入，完全基于这样一个事实：她所提供的服务是嫖客无法合法获得的。

安莉已掌握这门业务的经营艺术。她是一个精明能干的创业家：维持低水平的运营开支，做好质量控制，学会实施价格歧视策略，还对市场上供求关系的影响因素了如指掌。此外，还享受到了工作带来的乐趣。

尽管如此，安莉还是开始寻求退出策略。目前，她30岁出头，仍然性感诱人，但她深知，她的"商品"不能长久保鲜，芳容易逝。她同情那些年龄较大的妓女——就像逐渐老去的运动员——竟然不知道适时隐退。（当安莉在美国南部度假的时候，有那么一位后来成功入选美国棒球名人堂的运动员，就曾暧昧地向她发出性邀请，但被安莉委婉地拒绝了，她可不想在度假时还辛苦工作。）

而且，她已经厌倦了这种偷偷摸摸、见不得人的生活。她的家人和朋友不知道她的妓女身份，旷日持久的谎言已让她精疲力竭。她无须提防的只有同行，但这些妓女却又不是她最亲密的朋友。

她是积攒了不少钱，可还没有多到可以过退休的生活。因此，她开始规划接下来的职业生涯。她拿到了房地产从业资格证书。当时，房地产正处于鼎盛时期，对她而言，转行进入房地产行业似乎挺简单，因为这两种行业都允许弹性工作。许多人正好也是这么想的。房地产经纪人的入行门槛如此之低，房地产每繁荣一次，就会不可避免地吸引许多人来做房地产经纪人——过去10年里，美国房地产协会的会员人数已增加75%，这就导致了房地产经纪人中值收入的下降。而当安莉意识到她得将所挣的一半佣金上交雇用她的房产中介时，她着实惊呆了。中介的抽成也太高了，根本就没有哪一个皮条客敢提取这么高的佣金！

最后，安莉发现了自己真正想做的事：重返大学。通过自己创业，她已学到很多，因此她将以此为基础继续深造，如果一切顺利的话，她会把这门新近掌握的学问应用于某个领域，进而帮助她不用依靠自己的体力劳动就能获得令人瞠目结舌的高薪。

那么，她选择的是什么研究领域呢？当然是经济学。

SUPERFREAKONOMICS

结　语

猴子也是人

众所周知，涉及通货膨胀、经济萧条、金融危机这类问题的经济学分支，属于宏观经济学。当经济运行良好时，宏观经济学家就被捧为英雄；当经济运行不良时，就如近期经济一样，他们又会招来一片骂声。无论经济好坏，报纸头条总是留给宏观经济学家的。

我们希望，在读过本书后，你们会意识到另一类经济学家，也就是微观经济学家，就潜藏在幕后。他们设法弄清个体会做出何种选择，不仅希望了解他们买了什么，还要了解其洗手频率，是否会成为恐怖分子。

有些微观经济学家，甚至没有将研究对象局限于人类活动。

基思·陈是华侨移民后裔，33 岁，衣着时髦，头发短直，十分健谈。随父母在美国中西部经常搬家的过程中成长，后来就读斯坦福大学，一度被政治学冲昏头脑，后改弦更张，主修经济学。如今，他是经济学副教授，在耶鲁大学任教。

古典经济学的开创者亚当·斯密，很久以前写过的几段话，激发了他的灵感，就此他展开了一项研究。亚当·斯密是这么写的："没有任何人曾见过两只狗公平而有意识地交换骨头。没有任何人曾见证过，一只动物通过肢体语言和自然的叫声，向另一只传达这种意思：这是我的，那是你的；我愿意用这个换你那个。"

换句话说，斯密肯定，只有人类才具有货币交易的本领。

与生活中的情形一样，在经济学领域，如果你不去主动提出问题，无论问题看上去多么愚蠢，你就永远也不会找到问题的答案。陈的问题就是这个：如果我能教会猴子使用货币，那又会是什么情形呢？

陈选择的理想猴子是僧帽猴，可爱的棕色猴，体形与一岁大的小孩差不多。"僧帽猴的头很小，" 陈说，"主要关心食物和交配。"（关于这点，我们认为，僧帽猴与人类没有什么不同，当然，这无关主题。）"就像欲壑难填的饿死鬼，永远也吃不饱，你真的应该这么看待它们。你可以整天给它们棉花糖，它们吃了吐，然后又会回来再要。"

对于经济学家而言，僧帽猴习性如此，自然就成了绝佳的研究对象。

陈与文卡特·拉克什米那拉亚南（Venkat Lakshminarayanan）

去耶鲁–纽黑文医院展开工作。在那里，心理学家劳里 · 桑托斯（Laurie Santos）有一个实验室，养着 7 只僧帽猴。猴子实验室一般都会给猴子取名，这里也不例外，不过，这里的名字都来源于 007 系列电影中的人物。7 只猴有 4 只雌的，3 只雄的。最重要的一只猴子，取了中情局特工的名字——费利克斯。

这些猴子共同生活在一个很大的开放式笼子里。笼子的一侧连着一个小很多的笼子，这就是实验场地，一次可以容纳一只猴子参与实验。陈在直径为 1 英寸的小银盘中间钻了个眼，这就是货币。“有点像中国古代的铜钱。”他说。

实验第一步，让猴子认识到硬币是有价值的。这费了不少工夫。如果你给僧帽猴一个硬币，他会先嗅一嗅，认定无法吃（也没法与之发生关系）后，就会把硬币扔在一旁。如果你这样反复来上几次，他可能就要向你扔硬币了，力气还很大。

因此，陈和他的同事给某只猴子一个硬币后，就会亮出食物。只要那只猴子将硬币扔给他们，猴子就会得到食物。这样持续了好几个月，猴子终于明白：硬币可用来买食物。

实验证明，猴子对不同食物具有各自强烈的偏好。将 12 枚硬币放在一个托盘里，这是一只猴子的最大预算，然后给它提供食物，例如一个人卖果冻，另一人卖苹果片。这时，猴子会根据自己的喜好，把硬币送到不同的研究人员手中，随后得到已分好的“好吃的”。

现在，陈在猴子的经济生活中引入了价格冲击和收入冲击。我们假定费利克斯最喜欢的食物是果冻，而且通常情况下，它用一枚硬币就能获得三个。如果一枚硬币突然只能买到两个，它会如何反应呢？

令陈吃惊的是，费利克斯和其他猴子的反应十分理性。某种食物的价格上涨时，猴子们就会少买；价格下降时，就会多买。经济学中最基本的法则不仅适用于人类，而且同样对猴子有效：需求曲线必定向下。

既然已目睹了它们的理性行为，陈此时想观察僧帽猴的非理性行为。于是，他设定了两个赌博游戏。在第一个赌博游戏中，研究人员给猴子亮出一颗葡萄，根据硬币落下后的正反情形，猴子要么仅得到那颗葡萄，要么还可以得到另一颗作为奖励。在第二个赌博游戏中，猴子看到研究人员有两颗葡萄，但是，如果猴子没猜中硬币落地的情形，研究人员就会拿走一颗，猴子只能得到剩下的一颗。

在这两个游戏中，平均而论，猴子得到的葡萄数量都相同。但是，第一个赌博游戏的设计着眼点在于，猴子可能会获得好处；而第二个则是，猴子可能会遭受损失。

那么，僧帽猴的反应如何呢？

鉴于猴子本来就不是很聪明的事实，或许你会认为任何赌博策略都会大大超出它们的智力水平。在这种情况下，你就会想当然地认为，如果研究人员给它们亮出两颗葡萄，而不是一颗时，它们自然会更喜欢。但是，它们的选择完全相反！一旦猴子弄明白，亮出两颗葡萄的研究人员有时会拿走第二颗，而亮出一颗的研究人员有时会额外提供一颗作为奖励时，猴子们就更喜欢拿一颗葡萄的那位研究人员了。理性的猴子才不会这样选择呢，然而这些非理性的猴子却表现出了心理学家所谓的“损失厌恶”(loss aversion)。它们的表现似乎表明，损失一颗葡萄所带来的痛苦，比获得一颗所得的乐趣更强烈。

到目前为止，猴子们在用钱方面与人类表现得同样理性。但是，这最后一个实验表明，猴子和人之间存在巨大的差异。

是这样吗？

事实上，针对个体（例如，短线股民）进行的类似实验发现，人们做出这种非理性决定的概率与猴子差不多。陈说，僧帽猴的行为数据，“从统计学角度分析，表明猴子与大多数股票投资者几乎难分伯仲”。

因此，人类和这些只对食物和交配来劲的小脑袋猴子很相似的结论，没有受到影响。随后，陈似乎需要更多的证据印证上述观点，这时实验室最奇怪的一幕发生了。

费利克斯疾速跑进实验室，正如他以前无数次跑进去一样，但在这天，陈永远也无法弄懂，猴子没有拾起托盘上的12枚硬币去买食物。相反，它将整盘硬币扔回了它们的公共生活区，接着逃离实验室，冲进公共生活区去找硬币。银行打劫，然后越狱逃跑！

公共生活区多出了12枚硬币，7个猴子争抢个不停，整个大笼里混乱不堪。于是陈和其他研究人员进入笼子，想拿回硬币，猴子拒不交钱。毕竟，它们已经意识到硬币是有价值的。他们只好靠“行贿”要回钱：给猴子提供食物。这给猴子又上了一堂意义非凡的课：犯罪不用付出代价（反而是有利可图的）。

随后，无意中陈看见异乎寻常的情形发生了。其中一只猴子不仅没有将拿到的钱给研究人员，来换取一颗葡萄或一块苹果，反而向一只母猴走去，把钱给了它。陈以前曾做过相关实验，实验结果表明，猴子是具有利他主义精神的。那么，难道他现在恰好就见证了这种自觉的金钱捐赠行为？

抚摸了母猴几秒钟后，那两只僧帽猴竟然发生了关系！

原来，陈所看到的一幕根本就不是什么利他主义行为，而是科学史上的首例猴子卖淫活动。

随后，好像只为了证明已完全领悟了货币概念一样，待性事一结束（大约只持续了 8 秒，毕竟它们是猴子），拿到硬币的母猴立即将硬币交给陈，买到了几颗葡萄。

这一幕让陈百思不得其解。到目前为止，研究人员一次只针对一只猴子，进行严格限定的货币实验。如果陈在猴子的生活中直接引入货币，结果会怎样呢？研究探讨的可能性是无穷无尽的。

哎，陈将猴子带入资本主义的梦想没有实现。主管猴子实验的机构担心，将货币引入猴子的生活将会危及其社会结构，进而造成无法弥补的后果。

他们很可能是对的。

一旦猴子们手里有了钱，它们就会迫不及待地去“嫖娼”，同样也可以料想，猴子谋杀者、猴子恐怖主义者、引发全球变暖的猴子污染者，以及不洗手的猴子医生，肯定会充斥世界，片刻不得安宁。

毫无疑问，下几代的猴子届时就会出场，解决这些问题，替它们的先辈收拾残局。不管怎么说，有待解决的问题总是存在的，比如，猴子会固执地坚持，它们所有的孩子乘车时，无一例外都得固定在儿童座椅上……

SUPERFREAKONOMICS

致 谢

我们两人，首先想感谢让我们在本书中讲述他们故事的所有人。我们在书中每提到一个人的姓名，通常都会有5—10个人以多种方式协助我们。感谢你们所有人。在本书中，我们援引了很多学者和研究人员的著作，对此我们深怀感激之情。

供职于William Morris Endeavor公司的苏珊娜·格卢克（Suzanne Gluck）是无人能及的经纪人，能和她合作，我们十分幸运。她的很多同事同样给我们留下了深刻的印象，包括特蕾西·费希尔、瑞弗拉·德·安杰利斯、凯瑟瑞·萨默海斯、埃琳·马隆、萨拉·泽格拉斯基、卡罗琳·多诺弗里奥及埃里克·佐恩。他们所有人及William Morris Endeavor公司的其他人，不论过去还是现在，都给我们提供了很多帮助。

在William Morrow/HaperCollins，我们与出色的编辑亨利·菲利

斯共事十分愉快，迪·迪·德巴尔托洛工作起来永远不知疲倦，而且快乐无比。还要感谢其他人，包括布莱恩·默里、迈克尔·莫里森、里亚特·斯特里克、林恩·格雷迪、彼特·哈伯德、丹尼·戈尔茨坦及弗兰克·阿尔巴内塞，还有那些已经不在这里工作的人，尤其是简·弗里德曼和莉萨·加拉格尔。还要感谢给我们提供茶水、关心我们的威尔·古德拉德，以及英国企鹅出版公司的史蒂芬·麦格拉斯（他创作了优秀的儿童书籍）。

《纽约时报》容许我们在他们的报刊及我们的博客（专设的“魔鬼经济学”博客）上，测试我们的想法并评估读者反应。特别感谢：格里·马扎拉提、保罗·图赫、阿伦·雷迪克、安迪·罗森塔尔、戴维·希普利、萨沙·科伦、贾森·克兰曼、布雷恩·厄恩斯特和杰里米·齐拉。

感谢17号（Number 17）的女士们：多有趣！还会有更多开心的事。

Harry Walker Agency给我们提供了更多的良机，我们因此见到了以前不曾奢望能见到的、让人不可思议的那些人，与他们共事充满乐趣。感谢唐·沃克、贝丝·加格诺、辛西娅·赖斯、金·尼斯比特、米里加纳·诺克维奇以及在那里工作的其他人。

事实证明，在取绰号方面，向来无人能及琳达·吉尼斯。

尤其感谢与我们互动的所有读者，他们费时费力地给我们提出大量的想法，不论是聪明的、令人着迷的、荒诞不经的，还是令人恼怒不堪的。

SUPERFREAKONOMICS

个人致谢

我的很多合作撰文作者和同事，他们的观点不时出现在本书中，对此我深表谢意；还有不辞烦劳启发我的所有好心人，他们让我对经济学家和人生的真谛有了更深的理解，衷心感谢！我仍然如此怀念我们的安德鲁。感谢我的妻子珍妮特，我的孩子阿曼达、奥利维亚、尼古拉斯和索菲，他们每天都给我带来无比的快乐。我要感谢我的父母，他们的行为表明，我的与众不同也是可以接受的。最重要的是，我想感谢我的好友、我的合作伙伴史蒂芬·都伯纳，他是个天才作家、创作怪才。

史蒂芬·列维特

苏希尔·温卡什、安莉、克雷格·费德、伊恩·霍斯利、小约瑟夫·德·梅、约翰·李斯特、内森·梅尔沃德和洛厄尔·伍德……他们让我作为作家的每一天都心存感激。他们个个都有着深刻的洞见，总给人惊喜，向他们学习的过程快乐无比。史蒂芬·列维特不仅是难得的合作伙伴，还是出色的经济学教授。很多人为我们提供了非同寻常的研究支持，为此我要感谢瑞拉·坦迪斯恩索恩、雷切尔·费斯利瑟、妮科尔·图特洛特、丹尼尔·霍尔茨，尤其是瑞安·海根，他为本书做出了很大的贡献，相信有一天他会写出难得的好书。感谢我的妻子和名为所罗门和阿尼娅的超级小淘气：你们都太棒了！

史蒂芬·都伯纳